부자의 투자

부자의 투자

초판 1쇄 2018년 1월 10일

지은이 윤항식

발행인 최우진
편집 박지영
디자인 이근공 | **일러스트** 김학수
마케팅 현석호, 신창식 | **재무관리** 남영애

발행처 스쿱
등록일자 2013년 3월 3일
등록번호 제2013-000236호
주소 서울시 마포구 동교로 13길 34(04003)
전화 02)333-3705
팩스 02)333-3745
ISBN 979-11-956798-9-8-03320

스쿱(SKOOB)은 (주)태림스코어의 취미 실용 분야 브랜드입니다.

부자의 투자

윤항식 지음

스쿱

머릿속에 꽉 차 있던 생각들이 아우성을 친다. 생애 처음으로 대중을 상대로 내 소신을 밝히는 글을 쓰려고 하니 말이다. 그동안 단편적인 신문 기고나 재테크 칼럼 등은 다수 기고했으나 책 한 권을 엮어내기는 처음이다. 비록 쉽지 않은 결정이었지만 후회가 없도록 많은 것을 담아내고 싶은 욕심이 앞서는 것도 사실이다. 특히 40대 중반을 넘긴 시점이다 보니 지금까지의 내 경험을 자그마한 흔적으로나마 남기고 싶은 열망도 크다. 글의 주제를 내가 가장 잘 알고 있는, 현업과도 관련 있는 '부(富)'로 정한 이유가 여기에 있다.

나는 대한민국의 웰스 매니저(Wealth Manager)로서 생명보험사에서 VIP를 대상으로 자산을 축적·관리·이전 해주는 일을 한다. 주로 자산가들과 상담을 하게 된다. 그들과 만나면 오히려 내가 자산 관리 노하우는 물론 비재무적인 자녀교육 철학이나 대인관계 요령 까지도 배운다.

보험사는 다른 금융기관(은행, 증권사)에 비해 연령이 지긋하신 고객 들과 상담할 기회가 많다. 덕분에 현재 남부럽지 않게 사는 이들의 속내도 실컷 들여다 볼 수 있었다. 게다가 대한민국의 경제 성장기를 힘차게 달려온 어르신들은 지금 어떤 생각을 하며 후배 세대를 바라 보고 있는지도 엿볼 수 있었다.

그런 면에서 웰스 매니저는 자산가들의 보다 나은 자산관리를 위 해 도움을 주는 한편, 살아온 경험에 의해 '걸어 다니는 자서전'이라 불릴 만한 어르신들의 생생한 삶을 간접 경험하는 최고의 조건에서 일하는 셈이다.

지금까지 3,000여 회의 상담을 통해 알게 된 사실은 부자들에게는 어떤 공통점이 있다는 사실이다. 그들은 지출은 줄이고 수입은 늘리 는 일련의 활동을 지속적으로 한다. 한번 생각해 보라! 어찌 보면 부 자가 되는 방법은 아주 간단하다. 수입은 늘리고 지출을 줄이면 부자 가 되지 말라고 해도 부자가 될 수밖에 없다. 여기에 하나를 더해 그것 을 잘 유지 관리할 경우 본인의 부를 자식들과 공유할 수도 있다.

부자들은 직업에서도 공통점을 보인다. 즉, 그들은 대다수가 '자 기만의 비즈니스'로 부를 축적한다. 지금까지 내가 만난 부자들의 직업을 보면 급여소득자는 소수에 불과하고 대부분 법인사업자거나 개인사업자였다. 물론 급여소득자라고 해서 실망할 필요는 없다. 나 역시 소위 월급쟁이지만 급여소득자가 부에 이르는 길도 분명 있다. 앞으로 필자가 안내해주는 부자 공식을 적용한다면 부자가 되는 지름길로 들어갈 수 있을 것이다.

사실 부자의 개념은 상대적이다. 금융기관에서 흔히 말하는 부자는 금융자산 10억 원, 총자산 30억 원 이상을 소유한 사람을 지칭한다. 이와 더불어 나는 경제적으로 압박을 받지 않고 행복하게 살고 있다면 그 사람도 충분히 부자라고 생각한다.

나는 현장에서 부자들을 접하며 굉장히 다양한 부자들의 모습을 지켜보았다. 돈은 많지만 관리를 소홀히 해 재산 분쟁에 휘말리는 사람도 있었고, 물질적 풍요로 인해 오히려 자식을 망치는 경우도 많이 보았다. 결국 부는 관리할 수 있는 그릇이 되어야 삶에서 잡음을 일으키지 않고 부자라는 위치를 유지할 수 있다. 어느 날 느닷없이 복권에 당첨되어 큰돈을 쥔 사람들의 이후 행적을 조사한 결과가 부정적으로 나오는 이유는 관리 능력 부족 때문이다.

흥미롭게도 부자들은 자식 교육에 심혈을 기울인다.

잘 모으는 것도 중요하지만 관리를 잘하는 것은 더욱 중요하다는 사실을 알기 때문이다. 내가 만난 한 고객은 자신이 열심히 사는 모습을 자식들에게 보여주기 위해 낮에는 사우나(목욕탕)를 운영하고, 일부러 자녀와 함께 있는 밤 시간에는 고생스럽게 김장을 했다. 돈은 쉽게 벌 수 있는 것이 아닌데다 잘 관리해야 한다는 점을 확실히 가르쳐주고 싶어서 그런 것이란다.

돈의 가치와 땀의 대가에 대해 제대로 알려주면 아이들은 자기 길을 선택해 잘 살아간다. 아이들은 부모의 잔소리보다 묵묵히 행동하는 것을 보면서 자란다고 한다. 부모가 올곧은 모습으로 재산을 관리할 경우 재산을 물려받은 자식들도 잘 관리하는 것을 넘어 더 불려나간다.

이 책《부자의 투자》에는 부자가 되고 싶어 하는 사람들에게 실질적인 도움을 주기 위해 '수입은 늘리고 지출은 줄이며 축적한 자산을 지키는' 현실적인 대안을 제시하는 마음이 담겨 있다.

2017년 12월 광화문에서

윤항식

차례

1장

대한민국 1퍼센트 부자, 그들만의 1퍼센트

부자들의 감춰진 1퍼센트
자산증식 전략을 배우자

1

부동산 경매

시대의 트렌드와 자신의 전문성을 접목하라

어째서 요즘에는 고학력자가 이렇게 많은 것일까? 2015년 '경제협력개발기구(OECD) 교육지표' 조사 결과에 따르면 한국의 경우 25세에서 35세 청년층의 고등교육 이수율이 68퍼센트에 이른다고 한다. 조사대상 34개국 중에서 당당히 1등을 차지했다. 이는 쉽게 말해 고졸자 10명 가운데 7명이 전문대 이상의 학력을 취득했다는 얘기다. 이 얼마나 엄청난 교육열인가.

더 놀라운 사실은 이것이다.

고용노동부와 한국고용정보원이 발표한 '2014~2024 대학 전공별 인력수급 전망'에 따르면 "앞으로 10년 동안 4년제 대학과 전문대 등 졸업자 79만 명이 초과 공급될 것이다!" 이 말은 취업하기가 동아줄이 바늘구멍을 통과하기만큼 어려워질 뿐만 아니라 많은 대졸자가 이른바 '하향 취업'으로 눈을 돌릴 거라는 의미다. 이런 상황이 비록 우리나라만의 문제는 아니지만 심각성은 가히 세계적인 수준이라 해도 과언이 아니다. 이런 상황에서 자신의 길을 개척한 사람의 이야기가 청년들에게 좋은 본보기가 될 것 같아 여기에 소개하고자 한다.

부동산경매업을 하는 권 사장님은 일본에서 법학을 공부한 재원이다. 그는 유학을 마치면 취업의 길이 탄탄대로처럼 활짝 열릴 거라고 생각했다. 그러나 한국의 현실은 냉혹했다. 당장 생계를 위해 적은 돈을 받더라도 일하려고 했지만 그런 일조차 구하기가 쉽지 않았다.

그러던 중 2000년대 초반 한국의 부동산 가격이 상승하자 그는 자신의 법률 지식을 접목해 부동산 경매에 뛰어들었다. 모든 일이 그렇지만 무언가에 집중하다 보면 어떤 느낌이 올 때가 있는 법이다. 그는 친인척에게 사정해서 1,000만 원을 융통한 뒤 저가의 연립과 다세대주택을 중심으로 투자를 시작했다.

일이 잘될 때는 돈과 사람이 모이게 마련이듯 투자는 목돈으로 보답을 받았다. 이것이 종잣돈으로 작용하면서 그는 지금 월 700만 원의 임대수입이 발생하는 20억 원대 빌딩의 건물주가 되었다. 기왕 부동산 이야기가 나왔으니 좀 더 구체적으로 정보를 주고자 한다.

요즘 저금리에다 투자대안이 없다 보니 많은 사람이 수익용 부동산에 관심이 많다. 물론 세금과 공실 위험이 있긴 해도 수입원의 다양화란 측면에서 수익용 부동산은 좋은 대안이다.

부동산은 무엇보다 입지가 중요하기 때문에 건물이 좀 허름해도 입지가 좋으면 리모델링을 통해 고수익 건물로 바꿀 수 있다(임동권 저자의 《10년 안에 꼬마 빌딩 한 채 갖기》를 살펴보기 바란다. 리모델링을 통한 수익창출 사례가 자세히 나와 있다).

수익용 부동산 투자를 처음 시작할 때 보통 오피스텔을 선호한다. 아마도 적은 투자 자본과 아파트 보다 나은 수익률 때문일 것이다. 하지만 나는 오피스텔보다 소형 아파트를 권하고 싶다.

오피스텔은 성격상 교통의 편리성이 상당히 중요하고 세입자들의 이사가 잦다. 역세권에서 좀 떨어져 있어도 신축건물이면 새 건물이라는 이점 때문에 당분간은 임대가 가능하지만, 노후화가 진행될 경우 같은 조건이면 아파트를 선호하게 마련이다. 만약 역세권에 있는 아파트가 재건축 되면 신축아파트와 역세권의 프리미엄을 모두 잡을 수 있다.

감으로 부동산 투자를 하는 시대는 끝났다. 특히 부동산 투자가 잘못될 경우에는 다른 자산에 비해 회복하기가 힘들므로 주의해야 한다. 부동산은 움직일 때마다 비용이 들기 때문이다. 취득할 때 취득세 및 등기비용, 보유할 때 재산세 및 종합부동산세, 양도할 때 양도소득세 같은 비용과 세금이 발생하므로 투자할 때는 반드시 전문가의 조언을 듣는 것이 바람직하다.

알아두면 돈이 되는 꿀팁

좋은 빌딩 고르는 법

- 위치가 좋고 규모가 작은 빌딩이 좋다.
- 신축빌딩보다 노후화된 빌딩을 구입해 리모델링하라.

추천 지역(서울)

- 수익성은 낮지만 안정성과 환금성이 높은 강남권 지역
- 강남구를 관통하는 지하철 6개 노선(2·3·7·9호선, 분당선, 신분당선) 역세권

용어정리

건폐율 : 대지면적에 대한 건축면적의 비율

- 대지면적이 100평일 때 건폐율이 50퍼센트라면 건물 1층의 바닥 면적이 최대 50평을 초과할 수 없다.

용적율 : 건축물 총면적(연면적)의 대지면적에 대한 비율

- 대지면적이 100평일 때 건폐율이 50퍼센트이고, 용적율이 200퍼센트라면 연면적 200평까지 4층까지 건축을 할 수 있다.

2

다양한 영역을 융합할 줄 아는
지식유목민이 진정한 부자

생각의 크기를 넓혀라

한여름 뙤약볕이 대지를 달구면 지나가는 개를 보며 군침을 흘리던 시절도 있었다. 이제 어느 집 개를 보고 군침을 흘리면 경찰서에 끌려갈지도 모를 일이다. 주인에게 그 개는 개가 아니라 가족이나 다름없으니 군침을 흘린 죄가 어찌 크지 않겠는가.

살갑고 따뜻하며 사람으로 인해 겪는 괴로움과 거리가 먼 반려동물이 점점 사람의 자리를 대신하고 있다. 어쩌면 인문학적 가치관과 경제적 여력의 결핍이 사람의 향기보다 동물 친구의 냄새를 더 좋아하게 만든 것인지도 모른다. 내가 사회학자도 아니고 인문학에 깊이가 있는 것도 아니라 여기에 대해 갑론을박(甲論乙駁)할 생각은 전혀 없다. 나머지 부분은 김제동의 〈톡투유〉에 문의하기 바란다.

고령사회로 진입한데다 황혼 이혼이 점점 늘어나고 굳이 결혼할 필요성을 느끼지 못하는 올드 미스·미스터까지 증가하면서 반려동물 관련 업종은 최근 급격히 호황을 누리고 있다. 아니, 이 업종은 이미 21세기의 호황산업으로 발돋움하고 있다. 이러한 변화를 인식하고 자신의 일을 트렌드와 접목해 부자가 된 사람이 있어 소개하고자 한다.

반려동물은 더 이상 단순한 동물이 아니다. 동물을 한 가족으로 여기는 인식이 확산되면서 평소에 가족으로 대하는 것은 물론 죽음에 대한 대우도 자연스럽게 사람과 동일시하고 있다. 바로 여기에서 힌트를 얻어 새로운 직종 및 사업으로 부자가 된 사람이 윤 사장님이다. 장례업에 종사하던 윤 사장님은 반려동물에 대한 시장 수요와 동물을 가족처럼 생각하는 주인들의 마음을 헤아려 동물 장례업이라는 아이디어를 떠올렸다.

행운의 여신이 미소를 지었는지 그가 동물 장례업에서 성공하도록 현행법까지 도움을 주었다. 반려동물을 야산에 묻었다가 적발되면 과태료를 100만 원이나 물어야 하는 것이다. 설상가상으로 그 장소가 국립공원이나 수돗물 처리장 같은 공공장소라면 3년 이하의 징역 또는 3,000만 원 이하의 벌금형까지 가중처벌을 받으니 반려동물 장례업이 보통 시장이 아니었다. 더 결정적인 것은 사람을 묻을 땅도 점점 부족해지는 상황이라 동물을 묻을 만한 땅까지 구하는 것이 쉽지 않다는 점도 한 몫을 했다.

요즘은 사람도 화장을 선호하는 경향이 강하다 보니 반려동물의 화장이 틈새시장으로 떠오르는 것은 당연했다. 수요는 꾸준히 늘어가는데 화장 시설을 갖추기란 쉽지 않은 상황이어서 시장을 선점한 윤 사장님은 블루오션(Blue Ocean)을 발견한 것이나 마찬가지였다. 수요가 꾸준히 늘어나는 상황에서 그의 선견지명(先見之明)은 보통이 넘는다 할 수 있겠다.

윤 사장님이 장례업을 스스로 원해서 시작한 것은 아니다. 어쩌다 보니 하게 되었는데 수년간 시간이 흐르면서 전문가 소리를 듣는 자신을 발견했단다. 일을 통해 자신을 발견한 셈이다. 현실적으로 자신이 무엇을 좋아하는지 모르는 상태에서 취업해 가치관의 혼란을 겪는 사람이 상당히 많다. 그렇다고 자신이 원하는 일을 찾고자 기약 없이 열정페이(무급 또는 아주 적은 월급을 주면서 취업준비생을 착취하는 행태)를 지불하며 도전과 모험만 할 수도 없는 노릇이다.

어떤 일을 선택했든 그 분야에서 전문가가 되기까지 스스로 단련을 하면 자신도 모르게 내재되어 있던 재능과 연결되게 마련이다. 나아가 한 분야의 전문가가 되면 그것이 잠재적 재능과 연결되어 또 다른 영역의 전문가로 성장할 확률이 높다.

장례업의 달인이 동물 장례업의 달인이 되는 것이나 나처럼 금융 전문가가 글을 쓰는 것처럼 말이다. 오늘날에는 한 영역의 전문가보다 다양한 영역을 융합할 줄 아는 지식유목민이 진정한 부자가 될 가능성이 크다.

알아두면 돈이 되는 꿀팁

나를 알고 원하는 것을 경험하라!

• 톡톡 튀는 발상과 행동으로 우리에게 익히 알려진 알리바바그룹의 마윈(馬雲) 회장은 숱한 모험에 도전한 인물답게 따라다니는 스토리가 아주 많다. 그를 대표하는 수많은 어록 중 한 토막을 살펴보자.

" 'If not now, when? If not me, who?'라는 말처럼 지금이 역사가 되고 미래가 된다. 누구든 '지금'에 참여해야 하는 이유가 여기에 있다. 참여 주체는 '너'도 '우리'도 아닌 바로 '나'여야 한다. 나로부터 우리로 확장되어야 '지금'과 '나'는 의미를 지닌다.

세상을 알고 나를 알기보다 나를 알고 세상을 알아가는 사람은 진정한 부자가 될 내공을 갖추고 있다. 무엇보다 나라 자체가 부자가 되려면 아이들이 10대 때부터 자신이 하고 싶은 일에서 경험이라는 자산을 쌓도록 기회를 주어야 한다.

즉, 기성세대는 어린 시각장애인이 문고리를 잡게 하는 것이 아니라 수많은 영역의 문을 여는 만능열쇠를 만들도록 세상에 대해 눈을 뜨게 해주어야 한다. 영어강사이던 그가 세계적인 그룹의 회장이 된 것은 '지금'을 '나'라는 주체로 온전히 살았기 때문이다."

3

자신이 아는 곳에 투자한다

돈에 끌려 다니지 않는다

나처럼 월급쟁이라면 지금부터 하는 이야기에 두 눈을 크게 뜨고 적어가면서 머릿속에 집어넣도록 하자. 그렇지 않으면 대성통곡을 할지도 모르니 말이다.

대한민국에서 월급쟁이가 부자로 살아가기가 어디 쉬운 일인가. 월급쟁이는 대개 10년 이상 돈을 모아도 집 한 채 구입하기가 어렵다. 그런데 이번 사례에서는 부부가 각각 여러 채의 아파트를 보유하고 있는 경우이다.

나는 부모가 재산을 떼어주지 않고는 도저히 있을 수 없는 일이라 생각하며 의심 가득한 눈빛으로 상담을 했다가 곧바로 두 손 들고 스승으로 모시기로 했다. 독자들도 나처럼 의혹의 눈빛부터 보내지 말고 자세히 들어보기 바란다. 내 오랜 경험상 월급쟁이에게 가장 현실적인 방법이라 확신하는 바이다.

거두절미하고 결론부터 말하자면 이들은 '지출관리'를 통한 계획적인 소비를 했다. 혹자는 '자린고비'를 연상할지도 모르지만 이 사모님의 귀티 나는 모습은 그런 상상을 한 방에 날려버린다. 안 먹고 안 쓴 덕분에 부자가 된 사람은 유병장수(有病長壽)하거나 스크루지 영감처럼 무늬만 부자로 살아가는 경우가 많다. 이런 경우를 부자공식이라고 말하면 어쩌면 돌에 맞아 죽을지도 모를 일이다.

지출관리를 통한 계획적인 소비란 목돈이 들어갈 경우, 충동적인 구매 및 결정을 하는 것이 아니라 계획적으로 소비하거나 지출해서 새는 돈을 막는 것이다. 물론 목돈뿐만 아니다. 마트나 시장에 갈 때 미리 어떤 물품 혹은 식·자재를 구입할지 계획해서 지출하면 줄줄 새는 잔금을 모아 목돈 마련에 이바지할 수 있다. 이러한 계획 지출 훈련이 소비에 대한 통제력을 길러주었다고 하니 이 사모님은 돈을 쓰는 동시에 모으는 기술을 익힌 셈이다.

기술을 익히면 익힐수록 우리는 창의성을 발휘하게 마련이다. 이제부터 우리가 진짜 배워야 할 부자공식을 따라가 보자. 이 사모님은 새는 돈을 막고 남는 돈을 저축해서 종잣돈이 모이면 부동산을 매입했다고 한다. 그것도 고집스럽게 아파트만 매입했다. 금융 전문가인 내 입장에서 '너무 어리석은 투자가 아닌가' 싶었지만 그것이 사람에 따라 현명한 투자가 될 수도 있음을 인정할 수밖에 없었다.

돈깨나 있다고 하는 사람들 중에는 스스로 잘 알지 못하는 ELS, 펀드 등에 투자하는 사람이 굉장히 많다. 안됐지만 금융업에 종사하는 사람들의 말만 믿고 상품에 가입하는 것은 투자 관점에서 아주 무책임한 행동이다. 그것도 요즘처럼 가족마저 믿지 못하겠다고 하는 세상에 말이다.

투자에는 수익과 손실이 공존하는데 설령 손실이 나도 그것은 투자자가 감수해야 한다. 투자란 그 깊이를 알 수 없는 물웅덩이에 발을 내딛는 것과 같으며 기분 좋게 수익이 발생했을 때조차 그 이유를 정확히 아는 사람은 드물다.

그런데 이 사모님은 달랐다. 그녀는 스스로 잘 아는 지역과 분야에 투자함으로써 돈을 어디에 사용했고 취득한 자산이 앞으로 어떻게 될지 예측하기까지 했다. 무엇보다 분산투자를 하지 않는 대신 아파트 가격이 오를 때 무리하게 대출받지 않고 자신의 여력에 맞춰 투자한 덕분에 부채가 전혀 없었다. 바로 여기서 큰 힘을 발휘한 것이 돈을 좇지 않는 통제력이다.

이 사모님의 계획 지출은 통제력을, 통제력은 돈을 지키는 것을 넘어 돈의 유혹에서 벗어나게 해주었다. 돈에 대한 혜안이 결국 긍정적인 결과를 낳은 것이다.

결정적인 얘기는 따로 있다.

이 사모님은 얼마 남지 않은 근로소득 기간과 노후 대비를 위해 아파트에 편중된 투자 패턴을 바꿔 근린상가주택에 분산 투자하기 시작했다. 노후를 맞이하는 입장에서 거주와 수입을 한 번에 해결할 수 있는 근린상가주택 투자는 그야말로 신의 한 수다. 이처럼 자신의 상황과 경제 흐름을 읽어내는 혜안이 '지출 관리'에서부터 시작되었다고 하면 믿겠는가.

알아두면 돈이 되는 꿀팁

근린상가주택의 유용성

근린상가주택은 노후에 안정적인 생활을 하는 데 커다란 도움을 준다. 물론 아파트에서도 임대소득이 발생하지만 자산 가격 대비 근린상가주택의 임대수익률이 훨씬 더 높다는 사실을 알아야 한다. 수익만 놓고 보면 상가에 투자하는 것도 하나의 방법일 수 있으나 수익이 높은 만큼 위험도 크다.

예를 들어 상가는 상권이 바뀔 수도 있는데 이 경우 임대수익이 감소할 가능성도 있다. 임차인을 찾지 못하는 상황도 얼마든지 발생한다. 이에 비해 근린상가주택은 경기에 덜 민감하고 토지를 소유하고 있으므로 잘못된 투자일 경우에도 지가상승으로 회복이 가능하다. 그러므로 노부부에게는 안성맞춤인 투자라고 할 수 있다.

4

사업자 수익은 높지만 위험도 크다

사업상 발생할 수 있는 리스크를 예측하고 최소화하라

이 책이 곧 부를 축적하게 해주는 노하우는 아니다. 물론 돈을 버는 노하우가 주요 내용이긴 하지만 나는 자산 축적 과정에는 반드시리스크를 최소화하는 시스템이나 경험이 있어야 한다고 생각한다. 이런 노하우를 갖추는 것이 진정한 갑부가 되는 지름길이다.

지금부터 소개할 내용은 청년 실업난만큼이나 심각한 창업과 실패 이야기로, 어떻게 해야 실패하지 않는지 그 팁을 보여주고 있다.

최근 1955년~1963년생인 베이비붐 세대의 은퇴, 일자리 부족등으로 창업시장에 활기가 도는 듯하지만 설익은 창업은 오히려 중산층의 기반을 허무는 독이 되고 만다. 그럼에도 불구하고 일자리를 잃은 뒤 재취업에 성공하지 못한 베이비붐 세대가 생계를 위해 자영업에 뛰어들면서 50대 이상의 창업이 급증하고 있다.

통계청에 따르면 2007년 289만 명이던 50세 이상 자영업자 수는 2013년 328만 명으로 늘어났다. 50세 미만 자영업자 수가 324만 명에서 246만 명으로 줄어든 것과는 대조적이다. 그 결과 전체 자영업자 중에서 50세 이상이 차지하는 비중은 2013년 57.1퍼센트로 6년새 10퍼센트나 늘었다. 자영업자 10명 중 6명이 50대 이상이라는 얘기다.

무엇보다 심각한 현실은 중·장년층이 창업했다가 낭패를 보면 재기 자체가 어려워 곧바로 빈곤층으로 전락할 가능성이 크다는 점이다.

정부는 창업을 권유하지만 현실을 보면 창업보다 폐업률이 훨씬 더 높다. 그것도 단순히 폐업으로 끝나는 것이 아니라 재기가 힘들 정도로 빚을 떠안는다는 심각한 문제가 도사리고 있다.

외국의 경우에는 사업에 실패해도 창업자 개인에게는 문제가 없다. 반면 우리나라는 금융시스템 자체가 실패하면 회사와 개인이 함께 망하는 구조다.

예를 들어 은행은 기업에 대출을 해줄 때 대표자는 물론 그 배우자까지 연대보증을 원한다. 연대보증제도가 축소되고 있긴 하지만 아예 없어진 것은 아니며, 이런 상황에서 창업하라는 것은 인생을 운(運)에 맡기라는 것이나 다름없다.

여기에 소개하는 식자재유통업 한 사장님도 자금융통을 위해 금융기관의 대출을 이용했고 연대보증이 있어서 회사가 대출금을 상환하지 못할 경우 개인이 빚을 부담해야 하는 상황이었다. 그런데 회사가 어려워지자 그는 본인 명의의 부동산을 사모님 명의로 바꾸는 작업을 했다. 회사가 잘못될 경우 금융기관이 한 사장님 명의로 된 재산에는 (가)압류를 할 수 있지만, 사모님 명의로 된 재산에는 재산권 행사를 할 수 없기 때문이다.

이때 주의해야 할 부분이 있다. 그것은 재산을 보존하기 위해 사모님 명의로 단순 증여할 경우 사해행위에 해당될 여지가 크다는 점이다. 이 사실을 뒤늦게 알게 된 한 사장님은 처자식을 위해 서류상 이혼을 고려하고 있다. 이 경우 사해행위 청구소송에서 벗어날 가능성은 있지만, 이런 과정을 겪은 가정이 온전하게 재결합할 수 있을지는 장담하기 어렵다.

현재의 금융시스템 하에서 창업할 경우 반드시 알아두어야 할 부분이 있다. 현행법을 집행하는 기관이나 관계자에게는 죄송한 일이지만, 회사가 망하면 개인도 망하는 금융구조에서는 어쩔 수 없는 선택이다. 사업을 하는 사람이나 앞으로 사업을 할 사람은 재산취득에 있어 배우자나 자녀의 참여를 고려해야 한다. 현재로서는 이것이 사업에 실패해도 개인의 재산을 지킬 수 있는 유일한 방법이기 때문이다.

알아두면 돈이 되는 꿀팁

사해행위 취소권

사해행위 취소권이란 채무자가 채권자를 해함을 알면서도 자기 재산을 감소시키는 행위(사해행위)를 한 경우, 채권자가 소송으로 그 행위를 취소하고 재산을 원상회복하는 권리다(민법 제406조).

사업자는 대출을 이용해 사업자금을 충당하는 일이 많다. 사업이 뜻대로 진행되면 다행이지만 그렇지 못할 수도 있으므로 재산을 지킬 방도를 찾아야 한다. 그러한 방법 중 하나가 재산을 배우자나 자녀 소유로 해두는 것이다. 취득자금이 많지 않다면 배우자 6억 원, 성인 자녀 5,000만 원, 미성년 자녀 2,000만 원까지 비과세 증여를 이용할 수도 있다.

비과세 증여 한도

종전	개정
증여세 과세시 공제(10년간 합산) • 배우자간 : 6억 원 • 직계존속 ➡ 직계비속 : 5천만 원(미성년자: 2천만 원) • 직계비속 ➡ 직계존속 : 3천만 원 • 6촌 이내 혈족 · 4촌 이내 인척간: 500만 원	공제금액 상향 • 좌동 • 좌동 • 3천만 원 ➡ 5천만 원 • 500만 원 ➡ 1천만 원

〈개정이유〉 물가상승 등 경제적 여건 변화를 반영
〈적용시기〉 '16.1.1. 이후 증여받는 분부터 적용

5
사람이 재산이다

득도다조(得道多助): 평소에 주변 사람의 마음을 얻어야 도와주는 사람이 많다

나는 여행을 좋아해서 주말이면 자주 여행을 떠난다. 가족과 함께 집을 나서서 토요일 새벽 공기를 마시며 미지의 세계와 마주하는 순간을 즐기는 편이다.

어느 토요일 아침, 강원도 산길을 가던 중 직진하는 차를 시야에서 놓치는 바람에 좌회전을 하려다 접촉사고를 내고 말았다. 순간 내 등골이 오싹했다. 불행 중 다행으로 다친 사람은 없었고 그것은 상대방 차에 탄 사람도 마찬가지였다. 명백한 내 실수였다.

오만 생각이 머릿속을 스쳐지나갔다.

보험 처리를 해야 하나, 아니면 합의금을 주고 적당히 무마해야 하나? 이런저런 생각으로 머리가 복잡했지만 일단 차에서 내려 상

대방 차량으로 다가갔다. 우선 미안하다는 말부터 해야겠다는 생각에 최대한 불쌍한 표정으로 말을 하려는 순간, 상대방이 먼저 나를 알아봤다. 그분은 나와 수년 전부터 고객으로 만나온 사이였다. 험악한 말이 오갔을지도 모를 사고 현장이 순식간에 화기애애한 분위기로 바뀌었다. 우리는 서로 아무것도 문제 삼지 않았고 나중에 차 한 잔 대접하는 것으로 마무리했다.

이처럼 객관적인 관계가 주관적인 관계로 넘어가는 순간을 누구나 한 번쯤 경험해봤을 것이다. 부자가 되는 과정에서도 이런 일들이 굉장히 많이 일어난다.

지금은 육류 유통업체 대표이자 육류 관련 용역 인력도 파견하는 강 대표님은 원래 동네 정육점에 고기를 납품하던 소규모 유통업자였다.

요즘에는 자영업 비율이 높고 비슷한 업종에 종사하는 사람이 많아 서로 가격경쟁을 하다 보니 마진이 박한 편이다. 그것은 강 대표님도 마찬가지였다. 살아남기 위해 밤낮으로 일했지만 현실은 녹록지 않았다. 어려운 상황에서도 그는 자신과 인연을 맺은 사람들에게 최선을 다하려 애를 썼다.

특히 사람을 다루는 화려한 기술에 의존하거나 당장 매출을 높이기 위한 마케팅보다 순간순간 상대방에게 자신의 시간과 노력을 모두 투자했다. 이것은 투자 대비 효과가 곧바로 나타나기를 기대할 수 없는 전략이지만, 사람을 대하는 마음자세로 진검승부(眞劍勝負)를 펼치는 것이 낫다고 판단한 것이다.

세상에는 공짜가 없다고 했던가.

사업적 이익을 떠나 자신과 인연을 맺은 사람들에게 시간과 노력을 투자한 강 대표님에게 천우신조(天佑神助) 같은 일이 일어났다. 어느 날 갑자기 강 대표님의 대학 후배가 근무하는 대형마트에 육류 판매 인력을 제공하던 거래처가 부도를 냈다. 대형마트는 1,000만 원 상당의 손실을 입었고 육류 담당을 맡은 후배가 그 책임을 떠안아야 하는 상황이었다. 그때 후배는 망설임 없이 강 대표님에게 전화를 걸어 도움을 청했다. 그야말로 평소에 잘 뿌려둔 인간관계가 빛을 발하던 순간이었다.

후배에게 도움을 청해서라도 사업 돌파구를 찾아야 하는 찰나에 오히려 후배에게 도와달라는 요청을 받았으니 그야말로 강 대표님은 힘들이지도 않고 돈을 줍는 격이었다. 비록 1,000만 원이라는 부담을 떠안아야 했지만 대형마트만큼 확실한 거래처가 어디 있겠는가. 또 판매 용역을 제공하는 사업까지 추가로 진행할 수 있으니 일석이조가 아닌가.

회사는 날로 급성장했고 개인사업자였던 강 대표님은 유통업과 판매 용역업을 통해 회사를 매출액 20억 원 이상을 올리는 중소기업 규모로 키웠다. 이는 사람이 미래이고 자산이라는 말이 괜한 소리가 아님을 보여준 대표적인 사례라 하겠다. 생각지도 못한 커다란 매출 규모만으로도 감사할 지경인데 늘 사람에게 최선을 다하듯 성실하게 세금을 납부한 강 대표님의 회사는 성실납세자로 선정되기도 했다. 지금은 매출 증가에 따른 소득세 부담과 안정된 기업 운영을 위해 법인으로 전환했다고 한다.

강 대표님이 늘 입버릇처럼 하는 말이 있다.

"대한민국의 사장님 중에 나처럼 일하지 않는 분은 없다. 다만 한 가지 내가 특별히 신경 썼던 점은 최선을 다해 사람과의 인연을 지키려 한 것뿐이다."

알아두면 돈이 되는 꿀팁

법인 전환

매출 규모가 커지면 개인사업자는 보통 법인 전환을 고려한다.

여기에는 그만한 이유가 있다. 기준 매출액을 초과하면 성실신고 확인대상이 되어 법인과 마찬가지로 자금 흐름이 투명해진다. 또한 매출액이 증가할 경우 대개는 순이익도 증가해 사업자의 소득세 부담이 커진다. 개인사업자의 경우 매출액에서 비용을 차감한 나머지 금액이 사업소득세가 되지만 법인은 다르다. 법인은 매출액에서 비용을 차감한 이익금을 근로소득, 퇴직소득 그리고 많은 중소기업 대표가 주주이기에 배당소득으로 가져올 수 있다. 소득세는 누진세율 구조로 되어 있어서 이익금을 사업소득이라는 한 가지 방법으로 가져오면 부담해야 하는 세금도 그만큼 커진다. 반면 법인으로 전환해 근로, 퇴직, 배당이라는 세 가지 방법으로 가져오면 소득을 분산해 절세할 수 있다.

성실신고 확인제도란?

수입금액(매출)이 일정규모 이상인 사업자는 종합소득 신고시 사업소득 계산의 적정성을 세무사 등에게 확인 받도록 하는 제도임(2011.5.2. 법률공포)

구분	내용		
개요	대상 사업자는 종합소득새 신고시 과세표준신고서 외에 세무사가 작성한 '성실신고 확인서'를 함께 제출		
대상	해당 신고 과세기간 수입금액이 일정 수준 이상인 사업자		
	광업, 도소매업 등	제조업, 음식숙박업 등	서비스업, 부동산업 등
	20억 원 이상	10억 원 이상	5억 원 이상
	※ 전문직 사업자의 경우 한국표준산업분류에 의한 업종 구분없이 5억 원으로 일원화		
성실신고 확인자	세무사, 공인회계사, 세무법인, 회계법인		
성실신고 확인 내용	사업자의 매출누락 및 비용 측면의 탈세를 모두 확인하되, 현금영수증 의무발급 등을 통해 수입금액이 상당부문 양성화된 점을 고려하여 • 가공경비, 업무무관경비 등 비용 측면의 탈세 방지에 역점		
성실신고 확인대상 사업자에 대한 인센티브	• 신고기한 연장 (5월 ➡ 말 6월 말) • 성실사업자 수준으로 교육비, 의료비 공제 허용 • 확인비용의 일정비율(60퍼센트) 세액공제(연간 100만 원 한도)		
제재	'성실신고확인서'를 제출하지 않은 경우에는 가산세(산출세액의 5퍼센트)를 부과하고, 세무조사 사유에 추가 • 추후 세무조사 등을 통해 제대로 확인하지 못한 사실이 밝혀지는 경우 세무사도 징계		

6

지나친 욕심은 화를 부른다

무릎에서 사서 어깨에서 판다

수많은 부자를 만나 인터뷰를 하다 보니 어느 순간 유독 부자가 많은 업종이 눈에 들어왔다. 벌써 눈치를 챈 독자가 있을 법도 하다. 우리나라 네티즌의 눈치코치와 정보력이 가히 세계적인 수준이라 하니 독자도 그렇지 않을까 싶다.

60~70대 부자들은 대다수가 부동산을 통해 자산을 키워왔다. 이런 현상은 당시 우리나라 경제상황과 밀접한 관계가 있었다. 그러나 이제는 단순히 부동산이라는 업종에 초점을 맞추면 곤란하다. 다음에 소개할 내용은 시대의 흐름에 맞게 자산을 운용해 온 모범적인 사례다.

이 사장님은 제조업을 운영하던 분이다.

나는 개인적으로 제조업은 여전히 국가의 근간 산업이라고 생각한다. 유럽은 물론 전 세계를 들썩이게 한 그리스 사태를 보면서 그런 내 생각은 더욱더 굳어졌다.

제조업의 토대가 탄탄한 독일은 아무리 세계 경제가 흔들려도 별다른 영향을 받지 않았다. 그런 의미에서 우리나라도 제조업 비중을 좀 더 높였으면 하는 바람이다. 여기서 경제학 강의를 하고 싶은 생각도 없고 또 관심만 기울이면 정보를 찾는 것도 어려운 일이 아니므로 다시 본론으로 돌아가 보자.

이 사장님은 일회용 포장용기를 제조·판매했다.

1990년대 후반부터 국내에 각종 시위가 빈번하게 발생해 시위를 하는 사람과 그것을 막는 전경에게 도시락을 제공하면서 제법 큰 돈을 벌었다. 시위자나 전경 모두 밥은 먹어야 하므로 이 사장님에게는 아군도 적군도 모두 필요한 존재였다. 양쪽이 똑같은 사업체가 제공하는 밥을 먹는 줄 알았다면 부자가 되지 못했을 수도 있다는 우스갯소리도 있지만 확인된 바는 없다.

이 사장님이 돈을 좀 번다는 소문이 났는지 업계 경쟁이 점점 치열해지기 시작했다. 그러자 이 사장님은 번 돈을 어디에 투자할지 고민하기 시작했다. 우선 대한민국에서 '투자' 하면 가장 먼저 떠올리는 것이 부동산과 주식이어서 그쪽으로 눈을 돌렸다.

당시는 IMF를 겪으며 국민이 하나로 뭉쳐 금을 모아 국가적 위기를 극복하자는 분위기가 형성되던 시기, 한마디로 이 사장님은 부동산과 주식시장이 요동치는 시기에 투자를 시작한 셈이었다. 어쩌면 당시의 분위기상 롤러코스터(Roller Coaster)를 타는 기분이었을지도 모른다.

실제로 이 사장님은 손해와 이익이 널뛰기하는 롤러코스터를 몇 번 경험하면서 나름대로 투자 원칙을 터득했다. 그것은 주식이나 부동산 같은 매매 형태의 투자는 욕심을 버리고 무릎에서 사서 어깨에서 팔아야 한다는 원칙이다.

사람들은 보통 두 자산 모두 발바닥(최저가)에서 사려고 하지만, 그때 팔려고 하는 사람이 누가 있겠는가? 나라도 안 판다. 마찬가지로 머리(최고가)에서 팔려고 하면 누가 사겠는가? 나라도 안 산다. 이런 원칙 아래 마음을 조금 비우고 매매에 뛰어든 이 사장님은 신속하게 처리해 수익을 올렸다고 한다.

하지만 이런 착한 매매 원칙이 통하지 않는 시대도 있다.

바로 저성장·저물가 시대다. 지금은 전 세계적으로 이러한 기조가 주류를 형성하고 있는 판국이라 착한 가격도 쉽지 않다. 매매차익을 얻기가 어려워지자 이 사장님은 안정적인 수익을 형성할 방안을 모색하기 시작했다.

그때 눈에 들어온 것이 부동산임대사업이었다. 특히 다가구주택과 근린주택에 관심을 기울인 덕분에 월 2,000만 원의 월세수익이 생기기 시작했다. 이쯤 되면 이 사장님은 부자가 되기 위한 부자 체력을 충분히 갖춘 셈이다.

이 사장님의 사례처럼 부자가 되려면 투자가 먼저일까, 아니면 소득이 먼저일까?

두말하면 잔소리다. 투자는 소득이 있어야 가능하다. 먼저 자신의 일을 통해 소득을 얻는 한편 지출관리로 불필요한 지출을 줄여 소득원(근로, 사업, 연금, 기타 배당, 이자)을 다양화해야 한다.

다양한 소득원은 절세효과도 낸다. 이러한 선순환 하에서는 다시 소득 창출이 일어나고 그 잉여자금으로 부동산 또는 주식 투자를 할 수 있다. 여유자금으로 투자해야 서두르지 않아 성공할 뿐만 아니라 설령 실패하더라도 큰 피해를 입지 않는다.

알아두면 돈이 되는 꿀팁

임대수익용 부동산 공실 관리

주거용 임대사업을 할 때는 노후화에 대비해야 한다. 건물을 관리하는 이 사장님에게는 노후화에 대비한 전략이 있다. 내 건물 인근에 신축 건물이 들어오면 수요가 그쪽으로 몰리게 마련이다. 이런 상황에서 임차인의 수요가 줄어들자 이 사장님은 공실에 따른 손해를 막기 위해 임대료를 낮췄다.

고정 고객이 형성된 상태에서 고정비가 낮아지면 임차인들은 굳이 신축 건물로 옮겨갈 필요를 덜 느끼고 신규 임차인도 임대료가 낮은 건물을 선호할 거라는 이유에서다. 수익률이 4~5퍼센트만 되어도 은행의 1~2퍼센트대 금리와 비교하면 엄청난 고수익이다. 욕심을 버린 건물 관리가 공실률 없이 건물을 활성화하는 묘수였다.

7
취미가 때론 부의 원천이 된다

미술이 밥 먹여준다

2015년 5월 뉴욕 크리스티 경매에서 파블로 피카소(Pablo Picasso)의 1955년 작품 〈알제의 여인들〉이 1억 7,937만 달러(약 1,955억 원)에 낙찰되면서 미술품 경매 최고가를 갈아치웠다는 소식을 들었다. 순간 나는 사람들이 미친 것 아닌가 하는 생각을 했다.

제아무리 피카소가 유명하다 해도 그처럼 어마어마한 돈을 주고 미술품을 구입하는 사람은 분명 제정신이 아닐 거라고 생각하는 사람이 꽤 많으리라. 아파트 창문 크기의 그림 한 점이 서민들은 상상도 하지 못할 가격에 거래된다는 것이 일반적인 기초가격 산출과는 거리가 멀기 때문이다. 나 같이 미술관이나 전시회장을 갇힌 공간으로 생각하는 사람은 이해할 수 없는 현상이다. 이제부터 그처럼 이해하기 힘든 부류에 속하는 사람을 소개하려 하므로 기초지식이 바닥을 칠지라도 너그러이 넘어가주기 바란다.

어린 시절부터 미술에 관심이 많았던 이 부장님은 수업시간에 창문 밖을 바라보며 사색을 하거나 종이 위에 뭔가 그리기를 밥 먹듯 했단다. 이쯤 되면 중증인 셈이다.

하지만 고등학생이 되고 진로를 결정해야 할 즈음 '예술가는 배가 고프다'는 부모님의 돌직구에 미대를 포기해야 했다. 우리 세대에게 이런 식의 포기는 아주 익숙한 일이었다. 가정형편상 혹은 주위의 이목 탓에 자신의 특기나 재능과 상관없는 길로 가는 사람이 얼마나 많았는가.

이 부장님도 부모님의 고집을 꺾지 못했고 결국 금융기관에 취직해 그럭저럭 살아왔다. 다행히 경제적 어려움이 덜한 직장생활은 이 부장님이 자신의 취미를 즐길 마음의 여유를 찾게 해주었다. 미술관이나 전시회를 두루 찾아다녀 감상하면서 그는 삶의 즐거움을 되찾았고 점점 작품을 보는 눈도 깊어졌다.

미술품은 그 가치가 무형이라는 점에서 명품과 같다. 그러나 세월의 흐름 속에서 작품에 대한 해석과 재해석에다 예측 불허의 심리적 요인까지 작용하면서 그 가치는 투명성보다 부르는 게 값이 되어버린다. 이 사실을 터득한 순간 이 부장님은 부자 공식의 주인공으로 떠올랐다.

작품의 가치를 판단하는 매의 눈이 생기면서 이 부장님은 단순히 작품을 취미로 감상하는 것을 넘어 작품에 투자하는 투자자로 변모했다. 투자는 자신이 좋아하는 작품이 아닌 일반 대중이 좋아하는 작품을 중심으로 했다. 또 하나 기존 작가와 함께 전시를 하는 신인 작가의 작품을 위주로 구매했다. 모든 행동에는 이유가 있게 마련인데 기존 작가와 함께 전시할 정도라면 머지않아 유명세를 탈 거라고 예상한 것이다. 100만 원 수준에서 신인작가의 작품을 구입하면 작품마다 조금씩 차이가 있긴 해도 최소 5배에서 많게는 400배까지 작품의 가치가 올랐다. 세상에 이런 미친 수익률이 있다니!

그의 이야기를 들으면서 나는 거의 멘붕(멘탈 붕괴) 상태에 이른 적이 한두 번이 아니었다. 일반적인 투자자산 수익률과는 비교 자체를 허용하지 않는 수준이니 말이다. 부연 설명을 하자면 리스크 측면에서 자산을 분류할 때 현금 〈 예금 〈 채권 〈 부동산 〈 주식 〈 미술품 순서로 리스크가 높으며 리스크가 높을수록 수익률도 높다. 이처럼 미술품은 리스크가 높은 투자이기에 주의를 요한다는 점도 잊지 않았으면 한다.

이 부장님은 주말마다 미술관이나 갤러리(화랑)에 들러 미술품을 감상하면서 미술사조의 흐름을 읽었다. 이 모든 과정은 마치 돈의 흐름을 읽는 것과 같다. 취미가 삶을 즐겁게 해주는 것만으로도 행복할 텐데 그 취미가 경제적 가치로 연결되면 더할 나위 없이 좋은 것 아닌가.

독자 여러분에게는 어떤 취미가 있는가? 취미에 취해 달인이 되거나 아니면 취미 너머에 있는 경제적 가치를 찾아보는 것도 꽤 의미가 깊을 듯하다. 나도 오늘 미술관에 갈지, 글쓰기에 몰두할지 고민 좀 해봐야겠다.

알아두면 돈이 되는 꿀팁

투자의 관점에서 미술품을 고르는 요령

- 기존 작가와 전시회를 함께 여는 신인 작가의 작품을 중점적으로 구매한다.

- 미술품은 여유자금으로 구매한다. 미술 컬렉션(수집)은 단기투자가 아닌 장기투자다.

- 시장에서 유통되는 상품이라야 컬렉터들이 관심을 보인다.

- 경매가를 맹신하지 않는다. 낙찰자의 취향에 따라 가격이 올라갈 수 있다.

- 전문가의 조언을 듣고 매입한다.

- 위작이 많으므로 갤러리나 옥션을 이용하는 것이 좋다.

- 자신의 취향이나 안목을 맹신하지 않는다.

8

결정하면 실행한다

부자가 된 주변 사람들의 정보를 활용하고 실천하자

"아저씨, 우유 배달만 해도 먹고살 수 있어요?"

"큰돈은 못 벌어도 먹고사는 덴 아무 지장이 없죠."

"그럼 우유 대리점을 하면 더 많은 돈을 벌 수 있겠네요?"

"당연하죠. 저도 우유 대리점을 할 생각입니다."

현재 부동산임대업을 하며 자산 규모가 상당한 김 사모님이 맨처음 돈을 벌게 된 대화의 일부다. '우유 배달만 해도 먹고살 수 있느냐'고 묻는 말이나 '우유 대리점을 하면 더 많은 돈을 벌 것'이라는 말에 한가한 소리를 한다고 윽박지르고 싶을지도 모른다. 가뜩이나 삶이 고달픈데 하나 마나 한 소리로 심기를 건드려 주먹다짐을 할지도 모를 일이다. 나 역시 처음에는 같은 기분이었다.

흥분을 가라앉히고 곰곰이 생각해보자. 가령 소설책을 집어 들었을 때 무턱대고 책을 펼치는 것보다는 시대적·사회적 배경을 알고 읽으면 인물들의 갈등과 사건에 대한 이해가 훨씬 쉽다. 삶의 방식이 사회적 배경 없이 형성되지는 않기 때문이다. 이쯤에서 시계태엽을 20년 전으로 되돌려보자.

20년 전 김 사모님은 공무원이었다. 그런데 둘째아이를 출산한 후로는 도저히 직장생활을 이어갈 수 없어 퇴직하고 육아에 전념할 수밖에 없었다. 공무원이 퇴직을 하다니, 그때도 그랬지만 지금 같은 현실에선 '철 밥그릇'이나 다름없는 직장을 그만두는 것은 납득하기 어려운 일이다.

'여자가 말이야, 집에서 애나 볼 것이지 왜 밖에 나와 설쳐'라는, 여성들의 사회생활을 눈엣가시처럼 여기던 시대상을 생각해보면 이해가 갈 법도 하다. 남녀평등을 외치고자 이 글을 시작한 것이 아니므로 복받치는 감정은 이쯤 해두고 마음의 평정을 찾아 다시 본론으로 돌아가겠다.

김 사모님은 직장생활과 육아를 병행하며 하루하루를 눈코 뜰 새 없이 지냈다. 당연히 옆집에 누가 사는지, 무슨 일을 하는지에 전혀 신경 쓸 여력이 없었다. 그러던 어느 날 아주 우연히, 이웃집 아저씨가 우유 배달을 한다는 사실을 알게 되었다.

그런데 새벽녘 잠깐 나가서 일하고는 온종일 집에만 있는 이웃집 아저씨가 왠지 굉장히 무책임해 보였다. 열심히 일해서 처자식을 먹여 살려야 할 가장이 달랑 몇 시간 일하고는 한량처럼 사는 게 도저히 이해가 되지 않았던 것이다. 그렇다고 남의 가정사에 이러쿵저러쿵 할 일도 아니어서 애써 떨쳐내려 했다. 하지만 그럴수록 오지랖의 촉수는 용감하고 저돌적이라고 소문난 대한민국 아줌마의 뇌관을 건드렸다. 결국 그녀는 배달을 마치고 들어오는 이웃집 아저씨에게 기어이 말을 건넸다.

그날의 평범했던 대화는 이후 그녀를 두 자녀의 아무개 엄마에서 '사모님'으로 격상시키는 계기가 되었다. 처음에는 "두 시간 정도만 일해도 먹고사는 데 전혀 지장이 없다"는 아저씨의 말이 믿기지 않아 허풍이 아닐까라는 생각이 들었다. 그런데 그날 이후 그녀의 눈에는 오로지 한 가지만 보이기 시작했다. TV광고를 봐도, 아파트 계단을 오르내려도 우유와 우유 주머니만 눈에 잡혔다.

국가가 나서서 우유 마시기를 장려하고 홍보를 해대는 통에 마치 무슨 국책사업이라도 되는 듯 착각마저 들 정도였다. 우유가 몸에 좋다는 얘기를 귀가 따갑도록 들으면서도 그것이 돈이 될 수 있다는 생각은 전혀 해본 적이 없다는 사실에 김 사모님은 정신이 번쩍 들었다.

될 일은 어떻게든 된다. 시쳇말로 고스톱을 칠 때 뒤 패가 딱딱 맞는 경험을 해본 사람들은 그 삼삼한 기분을 알 것이다.

우유가 돈이 된다는 이웃집 아저씨의 말 한마디로 그녀의 대리점 사업은 시작되었다. 우유 대리점 오픈과 동시에 학교에 근무하는 남편의 지인이 인프라를 구축해줘 사업은 날로 번창했다. 영업사원 20명을 둔 우유 대리점에서는 월 500만 원의 순수익이 생겼다. 더구나 인근 지역에 대리점 하나를 더 열어 순수익이 월 1,000만 원에 달했다. 그것이 20여 년 전의 일이다.

우유로 먹고살 수 있다는 이웃집 아저씨의 말 한마디는 그녀에게 황금알을 낳는 거위나 마찬가지였다. 그러나 한국말은 끝까지 들어봐야 안다. 기왕 글을 읽었으므로 마지막까지 초심을 잃지 않고 읽어보기 바란다.

'인생지사 새옹지마'라고 했던가. 언제까지나 황금알을 풍풍 낳아줄 것 같던 우유 대리점은 서서히 내리막길로 접어들었고, 어느 순간 껍질이 오톨도톨한 계란이 되어버렸다. 돈이 된다는 소문에 너도나도 창업을 하면서 과잉경쟁으로 치달은 데다 갑을관계 횡포까지 겹쳐 영업실적이 저조해진 것이다.

과감히 결단을 내린 김 사모님은 20년간 운영해온 대리점을 업소 하나당 8,000만 원의 권리금을 받고 처분했다. 이는 아까워 미칠 지경인데 울며 겨자 먹기 식으로 처분한 것이 아니라 상가부동산에 투자할 것을 염두에 둔 결정이었다. 그녀는 그간 벌어둔 돈과 권리금을 합쳐 지하 1층에 지상 5층짜리 역세권 상가부동산에 투자했다.

부동산은 입지와 토지로 나눠 꼼꼼히 살펴봐야 한다. 김 사모님이 투자한 상가부동산은 역 출입구가 근처에 있어서 교통이 편리했고, 대지가 넓어 혹여 잘못된 투자여도 시간이 지나면 자연스레 지가 상승으로 손실을 만회할 수 있는 기막힌 조건이었다. 이쯤 되면 투자의 신(神)이라 할 만하다.

현재 그녀는 상가 건물에서 나오는 수입으로 생활은 물론 저축까지 하고 있다. 우유 대리점을 운영해 종잣돈을 만든 다음 그것을 다시 지속적인 수입원을 형성할 상가부동산에 투자한 것이 주효한 셈이다.

김 사모님은 요즘 대학에서 국악 강의를 하고 있다. 경제적 여유를 통해 시간의 자유를 얻어 취미 생활로 시작한 국악이 강의로 이어졌으니 그녀의 인생은 단계 단계가 알짜배기로 채워져 있다고 해도 과언이 아니다. 그녀는 자가용보다 주로 지하철을 이용해서 차량 유지비를 절감하는 한편 건강도 챙기고 있다.

지출보다 수입이 많아지니 당연히 돈이 돈을 눈덩이처럼 불어나게 만들었다. 차곡차곡 들어온 돈은 은행에 예치했다가 1,000만 원이 되면 예금으로 갈아탔고, 예금이 만기가 되면 다시 원금과 늘어난 이자를 재예치하는 예금풍차 방식의 복리 효과로 목돈에 목돈을 만들었다.

김 사모님의 투자 방식에서 중요한 것은 정보와 그 정보를 실천하는 실행력이다. 불특정다수에게 순식간에 퍼져 나가는 '묻지마 투자 방식' 정보는 우리의 삶을 피폐하게 만든다. 반면 부자가 된 사람들의 삶의 방식에서 얻어낸 경제 정보는 경험에서 비롯된 사례로 믿을 만하다.

　'정보와 실천이 만나 부자가 된다'는 말은 지극히 상식적인 얘기로 들릴 수도 있지만 사실은 천기누설(天機漏泄)에 가깝다. 만약 이를 식상한 말로 여긴다면 당신은 부자가 되기 어렵다. 평범한 사람도 부자로 만들어주는 부자들의 평범한 진리를 터부시하지 않는 사람이 바로 평범하지 않은 평민이다.

알아두면 돈이 되는 꿀팁

예금풍차 돌리기

(단위: 만 원)

구분	예금1	예금2	예금3	예금4	예금5	예금6	예금7	예금8	예금9	예금10	예금11	예금12
1월												
2월												
3월												
4월												
5월												
6월												
7월	100											
8월		100										
9월			100									
10월				100								
11월					100							
12월						100	100	100				
1월									100			
2월	만기+100									100	100	100
3월		만기+100	만기+100									
4월				만기+100								
5월					만기+							

1월부터 1년 만기로 매달 1백만 원을 넣는 예금통장을 저축은행별로 1개씩 만든다. 12월이 되면 12개의 예금통장이 된다. 예금 만기가 도래하면 원리금에 1백만 원을 합산해 1년 만기 예금으로 재예치 한다. 이 방식을 지속할 경우 매월 목돈을 쥘 수 있고 1년이 되었을 때 원금과 이자가 발생한다. 이를 재예치 하면 연복리상품이 된다. 이때 원금 누수 없이 돈이 눈덩이처럼 불어나는데 이를 복리효과라 하고, 이 과정 전체를 '예금풍차'라고 부른다. 참고로 통장은 저축은행 인터넷통장을 이용하고 원리금 5천만 원 초과시 타 저축은행을 이용하여 예금자보호를 받아야 한다.

9

내 것은 절대 팔지 않는다

자산이 늘어날 때 증여를 시작하라

먹는 걸 무척이나 좋아하는 나는 자다가도 맛집 이야기가 나오면 벌떡 일어날 정도다. 먹는 낙이 없으면 이 세상을 무슨 재미로 살까 싶다. 이런 내 마음을 알았는지 요즘 TV프로그램에 먹는 것과 관련된 소재가 풍부해져 보기만 해도 행복하다. 잠시 먹는 생각을 하느라 말이 길어졌다.

이제부터 소개할 부자는 서울 인근에서 음식점을 운영하는 분이다. 음식점은 보통 개인사업체인 경우가 많지만 임 사장님은 워낙 규모가 커서 법인으로 운영한다. 더구나 우리나라에서는 보기 드문 가업 승계라는 점에서도 주목할 만하다.

일차적으로 임 사장님이 부친에게서 재산을 증여받고 음식점을 운영하면서 부를 축적한 과정을 눈여겨볼 필요가 있다. 이어 자녀들이 부를 축적하도록 돕는 그의 시스템과 그가 분배를 어떻게 진행했는지도 살펴보자. 아마 이것은 현재 부를 축적한 부자들에게 더욱 큰 도움이 될 것이다.

우선 임 사장님이 부자가 된 과정을 살펴보자. 그는 부친에게서 상속받은 토지의 가격이 상승하면서 그 재산을 기반으로 음식점 사업을 시작했다. 그리고 음식점에서 수익이 발생하면 그 돈으로 인근의 부동산을 매입했다. 여기서 그친 것이 아니라 매입한 부동산에 아파트가 들어설 경우 토지 보상금을 받아 다시 인근 토지를 매입함으로써 자산을 증식하는 형태로 부를 축적했다. 이것은 현금을 보유하고 있는 경우에 많이 하는 자산 증식 유형이기도 하다.

여기서 임 사장님은 자기 고유의 철학을 고집했다. 그것은 '일단 소유한 자산은 절대 팔지 않는다'는 철학이다. 보통은 자산을 현금화해서 사업을 하거나 어딘가에 투자해 돈을 벌려고 하는데 말이다. 아니나 다를까 임 사장님의 다른 형제들은 토지를 매각하고 현금화해서 소비하다 보니 남은 상속재산이 없었다고 한다. 이런 일들이 임 사장님의 철학에 영향을 미쳤을 법도 하다.

부자가 된 사람들에게 늘 발생하는 문제 중 하나가 자녀들에게 재산을 증여하는 문제다. 이것은 임 사장님도 마찬가지다. 임 사장님의 경우 부친이 재산을 분배하기 전까지는 형제간에 아무런 문제가 없었다. 그런데 상속 이후 형제들 사이에 재산 편차가 커지자 형제들이 임 사장님에게 유류분 청구(상속인의 최소한의 삶을 보장하기 위해 마련한 민법 제도로 본인의 법정상속분에서 50퍼센트까지 법으로 보호받는 제도) 소송을 제기했다. 형제의 난이 발생한 셈이다. 법정 싸움은 형제들끼리 서로 왕래하는 것조차 끊었고 임 사장님은 돈보다 가족을 잃었다는 슬픔이 크다고 했다. 그래서 그는 자녀들에게는 그런 일이 벌어지지 않도록 해야겠다는 다짐을 했다.

바로 이 시점에 금융 전문가인 내 활약이 두드러졌다. 다시 한 번 강조하건대 나는 수많은 사람을 부자로 만들어주었다. 이는 내가 부자의 자산을 더 견고하게 해주거나 올바른 부 축적을 돕는 금융 매니지먼트로 일하고 있으므로 당연한 일이다. 이제 내 존재가치를 보여줄 차례가 되었다.

- 우선 나는 재산분배와 관련해 유언장을 작성하고 그 유지를 배우자, 자녀들과 공유하도록 했다. 상속인이 상속받을 재산을 알고 있으면 상속으로 인한 재산분쟁은 거의 발생하지 않기 때문이다.

- 그 다음으로 상속재산이 많은 경우, 상속세가 클 수 있으므로 10년 단위로 증여를 하라고 조언했다. 수증자 입장에서 10년 안에 동일인에게 증여를 받으면 증여재산가액이 합산돼 세율이 높아진다. 또한 비과세 혜택도 한 번밖에 받지 못하므로 미리 자녀에게 증여해 상속재산을 줄여야 한다. 이로써 상속세 절세효과를 누릴 수 있다.

어떤가? 이 정도면 전문가 티가 좀 나지 않은가?

이런 제도적 장치를 기반으로 임 사장님은 자신의 건물에서 자녀들이 요식업을 할 수 있도록 도움을 주었고 지금은 모두 큰 음식점의 사장이 되었다. 그들은 돈을 벌어 임 사장님에게 부동산임대료를 지불한다. 이처럼 임 사장님은 자녀들이 스스로 노력해 돈을 벌 수 있는 시스템을 마련하고, 재산분배에 대한 법률적 장치까지 장착함으로써 사후에 자녀들이 싸우는 일이 없도록 해놓았다.

돈은 버는 것도 중요하지만 번 것을 분배하는 것도 아주 중요하다. 즉, 자녀들 스스로 자신의 미래를 개척하도록 시스템을 잡아주고 최종적으로 분쟁 없이 적법한 방법으로 자산을 분배하는 과정은 더 중요하다. 부의 축적, 관리, 이전 이 세 가지를 잘하는 사람이 많을수록 돈 때문에 가정이 파괴되는 일은 대폭 줄어들 것이다.

알아두면 돈이 되는 꿀팁

상속과 증여

- 상속이란 자연인이 사망했을 때 사망과 동시에 그와 일정한 친족관계에 있는 사람에게 사망자의 재산적 권리 및 의무가 포괄적으로 당연히 승계되는 법률적 효과가 발생하는 것을 말한다. 그 상속재산에 과세하는 것이 상속세다. 이러한 상속세는 상속재산평가액(시가)에서 상속공제를 한 잔액에 10~50퍼센트의 누진세율을 적용해 산출한다.

- 증여는 당사자 일방이 일정한 재산을 상대방에게 무상으로 준다는 의사를 표시하고, 상대방이 이를 승낙함으로써 성립하는 계약을 말한다. 증여를 받으면 증여공제를 한 잔액에 10~50퍼센트의 누진세율을 적용해 증여세를 산출한다.

상속세 및 증여세율

과세표준	~1억 원	~5억 원	~10억 원	~30억 원	30억 원~
세율	10%	20%	30%	40%	50%
누진공제	0	1,000만 원	6,000만 원	1억 6,000만 원	4억 6,000만 원

10

다양한 수입원을 확보하라

개인은 여섯 가지 소득을 인정받는다

나는 재테크의 대중화를 위해 일반인을 상대로 자주 강연을 한다. 많은 사람의 삶이 팍팍해지면서 재테크에 관심을 기울이는 사람도 대폭 늘어났다. 재테크 강연을 하면 꼭 듣는 질문이 있다.

"부자가 되고 싶습니다. 그 방법을 알려주세요!"

이것은 질문이라기보다 거의 명령 수준이다. 그만큼 부자가 되기를 원하는 사람은 많고 또 경제가 어렵다는 뜻이리라. 그런 질문을 받을 때마다 나는 힘주어 대답한다.

"수입원을 다양화하고 지출을 줄이면 됩니다!"

뭘 그리 당연한 얘기를 하느냐고? 그 정도 상식은 누구에게나 있다고? 그런 보편적인 대답을 들으려고 애써 시간을 내는 게 아니라고? 이미 아는 사람도 있겠지만 내가 이렇게 말하는 데는 그럴 만한 이유가 있으므로 화가 나더라도 조금만 진정하고 들어보기 바란다.

수입을 다양화하면 같은 액수라도 절세를 통한 수익창출이 가능해진다. 세법에서 개인은 여섯 가지 소득을 인정받는다. 여기에 해당하는 것이 근로, 사업, 이자, 배당, 연금, 기타 소득이다. 특히 이자와 배당소득은 연 2,000만 원 이하, 연금(퇴직연금+연금저축)소득은 연 1,200만 원 이하, 기타소득은 연 1,500만 원 이하면 분리과세가 가능해 절세할 수 있다.

이 상식적인 얘기를 실천하는 부자가 있어서 여기에 소개할까 한다. 분명히 말하건대 이것은 그저 그런 이론이 아니다.

보험대리점의 임원으로 재직 중인 정 이사님은 국내 대형보험회사에서 퇴직한 후 보험대리점으로 제2의 직장생활을 하고 있다. 이사님의 수입원을 살펴보면 여섯 가지 소득이 발생하고 있음을 알 수 있다.

첫째, 보험대리점에서 근로소득이 발생한다. 둘째, 부동산에서 나오는 임대소득이 있다. 셋째, 금융상품에서 이자소득이 발생한다. 넷째, 보유한 주식에서 배당소득이 나온다. 다섯째, 퇴직연금과 연금저축으로부터 연금소득이 발생한다. 마지막으로 강연활동을 통한 기타소득이 있다.

과거에 유행한 10억 원 만들기 열풍처럼 단순히 노후 재원으로 활용하는 형태의 재원 형성은 100세 시대와는 거리가 있다. 70~80

세가 되면 젊을 때처럼 열정적으로 일해서 돈을 버는 것은 지극히 제한적이고 육체적으로도 어려움이 있다. 그러므로 몸과 열정을 많이 쏟지 않아도 돈을 벌 수 있는 길을 만들어야 한다.

가장 좋은 것은 바로 불로소득이다.

그렇다고 불법 다단계를 하거나 남을 등쳐서 돈을 벌라는 얘기가 아니다. 정 이사님의 사례처럼 부동산 임대소득, 금융소득, 연금소득 같은 시스템으로 불로소득을 형성하라는 뜻이다.

현금과 함께 이러한 시스템을 갖추고 있으면 금융자산의 화폐가치가 떨어져도, 부동산시장이 불안정해도 그 충격을 완화하면서 평생소득을 만들 수 있다. 지금은 단순히 재산을 불리는 재(財)테크가 아닌 산(産)테크를 해야 은퇴 후에도 계속적인 현금 유입이 발생하고 노후 걱정을 덜 수 있다.

알아두면 돈이 되는 꿀팁

다양한 소득 창출

소득세의 종류 및 과세 방법

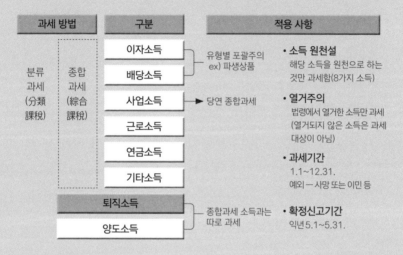

과세 방법		구분		적용 사항
분류 과세 (分類 課稅)	종합 과세 (綜合 課稅)	이자소득	유형별 포괄주의 ex) 파생상품	• **소득 원천설** 해당 소득을 원천으로 하는 것만 과세함(8가지 소득)
		배당소득		
		사업소득	→ 당연 종합과세	• **열거주의** 법령에서 열거한 소득만 과세 (열거되지 않은 소득은 과세 대상이 아님)
		근로소득		
		연금소득		• **과세기간** 1.1~12.31. 예외 — 사망 또는 이민 등
		기타소득		
퇴직소득			종합과세 소득과는 따로 과세	• **확정신고기간** 익년5.1~5.31.
양도소득				

2장

부동산 투자
핵심 포인트

부동산 투자
고민하지 말고 배워라

1

강남과 강북, 무엇이 다를까?

54 대 1, 87 대 1, 103 대 1······.

복권까지는 아니어도 그에 준하는 치열함과 경쟁으로 달아오르는 시장이 바로 아파트 청약이다. 부동산시장의 열기가 이처럼 뜨거운 이유는 시중의 유동자금이 안전자산인 부동산으로 모이는 한편, 상승한 전세가격에 밀려 주택 매수자가 늘어났기 때문이다.

서울 강남의 경우 분양가가 평당 4,000만 원을 넘어섰다.

그럼에도 불구하고 강남은 엄청난 청약경쟁률을 보이고 있는데, '강남불패'라는 말이 나올 만큼 사람들이 강남에 투자하고 그곳에서 살고 싶어 하는 데는 그만한 이유가 있다.

강남이라는 지역은 기본적으로 가격이 '가장 먼저 오르고 가장 늦게 떨어지는' 특성을 보인다. 이에 따라 사람들은 누구나 자금 여력만 있으면 가장 먼저 강남에 투자하고 싶어 한다. 요즘 서울 삼성역 일대를 중심으로 한 개발이 진행되면서 "대한민국 부동산은 삼성역에서 시작해서 삼성역에서 끝난다"는 말이 회자 될 정도니 말이다.

강북과 강남은 교육 인프라나 분위기가 확연히 다르다.

지금도 밤 10시쯤 서울 대치동 학원가를 지나다 보면 문득 외국의 대학가를 지나고 있는 듯한 착각에 빠진다. 도시 전체가 교육가처럼 보인다. 그 시간 대치동의 골목골목에 위치한 학원에서 아이들이 물밀 듯 쏟아져 나온다.

물론 서울의 강남 외에 중계동이나 목동처럼 학원이 밀집해 있고 교육 열기가 뜨거운 지역도 많다. 그렇지만 명문 고등학교와 교육 인프라를 넓게 갖추고 있는 강남은 소위 교육 1번지로 알려져 있다.

또한 계획적으로 개발한 강남은 강북에 비해 도로망이 잘 갖춰져 있고 전철도 거미줄처럼 연결되어 있다. 물론 강북은 산지라 강남처럼 개발하기가 어려울 수 있으나 강남과 강서를 비교해도 차이가 확연히 느껴진다.

9호선 전철을 타면 동서 간의 빠른 이동을 위해 급행열차를 이용하는데 급행 정차역이 강남 쪽은 2~3정거장, 강서 쪽은 11정거장을 가야 나온다. 현실적으로 강남의 교통 인프라가 우월한 것 또한 사실이다. 낡은 아파트까지도 가격이 비싼 이유가 여기에 있다.

이러한 교육과 교통 인프라는 고스란히 집값에 반영된다. 그렇다면 우리는 무리를 해서라도 강남에 있는 아파트를 구입해야 할까?

당연히 무리한 주택 구입은 권유하지 않는다. 다만, 가능하다면 강남권 아파트가 좋은 건 사실이다. 향후 대한민국 중심이 강남을 중심으로 전개될 가능성이 높고 머지 않아 평당 1억 원짜리 아파트도 나타난다고 생각하시는 독자라면 강남에 투자하라.

다만 한 방을 노리는 무리한 투자는 절대 금물이며, 내가 안을 수 있는 자금 범위 내에서 대한민국 부동산의 핵심 강남에 투자하라!

알아두면 돈이 되는 꿀팁

8.2 부동산 정책

과거 10년 간 주택공급은 지속적으로 증가하였지만(2005~2012년 연평균 주택인허가 48만 가구, 2013년 평균 61만 가구) 자가보유율은 60퍼센트 수준으로 주택 공급이 늘어나도 자금 여력이 있는 집 있는 사람들이 차지하다 보니 집값은 계속 상승하고 돈 없는 서민들은 내 집 마련이 점점 어려워지게 된 것이다.

이에 정부는 주택 실수요자 보호와 투기세력을 막기 위한 8.2 부동산 정책을 내놓았다. 본 정책으로 다주택자들의 주택 구입은 어려워지고 실수요자의 주택 구입이 쉬워진다. 이러한 노력에도 집값을 잡지 못할 경우 보유세 인상이라는 카드를 내 놓을 것으로 예상된다.

- **조정대상지역**

  조정대상지역이란 주택가격 상승률이 물가상승률의 2배 이상이거나 청약경쟁률이 5 대 1 이상인 지역을 말한다.

- **투기과열지구**

  주택에 대한 투기가 성행할 우려가 높은 지역에 대해 정부가 지정하여 투기억제를 위해 관리하는 지구이다.

- **투기지역**

  부동산 가격이 급등하거나 급등할 우려가 있을 경우 기획재정부 장관이 부동산 가격안정 심의위원회 심의를 거쳐 지정하는 지역이다.

  투기과열지구가 투기가 성행할 우려가 있는 지역이라면, 투기지역은 이미 투기가 성행하고 있는 지역으로 인식하면 될 것이며, 조정대상지역→투기과열지구→투기지역으로 갈수록 범위는 좁아지고 규제 강도는 세진다.

조정대상지구

성남, 하남, 고양, 광명, 남양주, 동탄2,
부산(해운대, 연제, 동래, 수영, 기장, 부산진)

투기과열지구

서울(구로, 금천, 동작, 관악, 은평, 서대
문, 종로, 중, 성북, 강북, 도봉, 중랑, 동대
문, 광진), 과천시

투기지역

서울(강남, 서초, 송파, 강동, 용산, 성동,
노원, 마포, 양천, 영등포,
강서), 세종시

지역별 적용 효과				
구분	전국공통	조정대상지역 (전국공통 적용 포함)	투기과열지구 (조정대상지역 적용 포함)	투기지역 (투기과열지구 적용 포함)
세제		• 다주택자 양도소득세 중과 및 장기보유 특별공제 배제 • 1세대 1주택 양도소득세 비과세 요건 강화(거주 요건 추가) • 분양권 전매시 양도 소득세 강화(50%)		
금융	• 중도금 대출 보증요건 강화		• LTV, DTI 40% 적용 • 1세대 1건 이상 주택 담보대출 가구는 LTV, DTI 30% 적용	• 주택담보대출 제한 강화(세대당 1건)
청약	• 가점제 당첨자의 재당첨 제한 도입 • 민영주택 예비입주자 선정시 가점제 우선 적용	• 1순위 자격요건 강화 • 가점제 적용 확대		

공급	• 공적임대주택 연간 17만 호 공급 • 신혼부부를 위한 분양형 공공주택 신규 건설			
정비 사업	• 재건축 초과 이익 환수제 시행(2018.1~) • 재개발 사업시 임대주택 공급 의무화 비율 상향		• 재개발 등 조합원 분양권 전매 제한 • 정비사업 분양분(조합원+일반분양) 재당첨 제한 • 재건축 조합원 지위 양도 제한 강화	
기타	• 민간택지 분양가 상한제 적용 기준 개선 • 다주택자 임대주택 등록 유도 • 지방 민간택지 전매제한 기간 설정(광역시) • 오피스텔 인터넷 청약 근거 마련 및 허위광고 처벌 강화	• 오피스텔 전매제한(소유권 이전등기시) 및 지역 거주자 우선 분양	• 자금조달 계획 선정 의무화	
불법 행위 근절	• 특별사법경찰제 도입 • 국세청 등 관계기관 공조 강화 • 불법전매 처벌 규정 강화			

조정대상지역

서울시, 경기 7개시(과천, 성남, 하남, 고양, 광명, 남양주, 동탄2), 세종시 행정중심복합도시, 부산시 7개구(해운대, 연제, 동래, 부산진, 남, 수영, 기장)

투기과열지구

서울시, 과천시, 성남시 분당구, 세종시 행정중심복합도시, 대구시 수성구

투기지역

서울시 11개구(강남, 서초, 송파, 강동, 용산, 성동, 노원, 마포, 양천, 영등포, 강서), 세종시 행정중심복합도시

2

집값은 올라갈까, 내려갈까?

　　현재 자산시장의 상황이 어떤지 단적으로 보여주는 것은 바로 기준금리가 1.25퍼센트라는 사실이다. 대한민국 개국 이후 처음 맞이하는 낯선 저금리 상황을 반영하기라도 하듯 최근 10년 내 부동산 관련 서적 판매가 최고 자리를 차지했다.

　　이는 저성장과 저금리에 대응하는 수단으로 부동산 임대소득만 한 것이 없다고 판단하는 사람이 늘어났음을 의미한다. 실제로 부동산 임대사업에 뛰어드는 사람이 갈수록 늘어나고 있다. 그중 가장 인기가 많은 것이 소형 아파트인데 이는 초보자도 쉽게 접근할 수 있기 때문이다. 이처럼 주거 수요에다 임대사업 수요까지 겹친 소형 아파트는 앞으로 계속 가격이 인상될 것으로 보인다.

이미 전세가격이 시세에 근접한 상황이라 2,000만 원~3,000만 원만 있으면 전세를 안고 1억 원대 소형 아파트를 소유할 수 있다. 물론 아파트 가격 하락을 예상하는 의견도 만만치 않지만 가격이 떨어진다 해도 의식주 중 주거 수요는 항상 있게 마련이다.

살림이 팍팍해지면 더러는 살고 있는 아파트의 규모를 줄이기도 하지만, 아무튼 집 없이 살 수는 없으므로 저가의 소형 아파트는 앞으로 경기에 덜 민감한 자산으로 자리 잡을 전망이다.

한때 경기부양을 위해 대출규제 완화 및 세제혜택을 주던 정부도 이제 늘어나는 가계부채를 잡기 위해 부동산 담보대출 및 중도금 대출까지 옥죄기 시작했다. 특히 부동산 경기를 냉각시킬 수도 있는 대출규제를 확대했다는 것은 그만큼 가계부채가 매우 심각한 상태에 이르렀다는 것을 의미한다.

이처럼 상황이 수시로 바뀌고 있으므로 부동산의 경우 급격한 시세차익을 기대하고 무리하게 대출을 받아 투자하기보다 내가 감당할 수 있는 범위 내에서 도전해야 한다. 이것이 향후 닥칠지도 모를 심각한 경제위기 속에서도 내 재산을 지키는 한 방법이다.

어찌 보면 부동산 가격 변동은 큰 의미가 없다. 일단 집이 없는 사람이 자신의 능력에 맞춰 집을 구매했다고 해보자. 만약 이 사람이 저금리 부동산 담보대출을 이용해 시세차익이든 현금 흐름이든 수익을 창출한다면 시간이 흐르면서 부는 당연히 커진다. 지가 상승과 건축비 인상은 단지 조정 과정만 거칠 뿐이고 주택의 명목가격은 상승

한다. 다만 집을 투자가치로 바라볼 때는 좀 더 고민이 필요하다.

'집 없는 설움은 당해본 사람만이 안다'는 말이 있을 정도로 그 압박감은 매우 크다. 특히 2년마다 재계약을 해야 하는데 이때 집주인도 스트레스를 받지만 임차인이 받는 부담은 그것을 훨씬 뛰어넘는다.

사람은 마음이 편하고 여유가 있어야 보다 쉽게 좋은 결과를 낸다. 보험회사에서 근무하다 보니 보험 영업을 하는 FP(자산관리사)들을 자주 만나는데, 생활이 쪼들려 헝그리 정신으로 일하는 사람보다 경제적 여유가 있는 사람이 확실히 효율이 더 높다는 것을 발견했다. 이는 아마도 소비자가 계약을 서두르는 FP보다 여유 있게 접근하는 FP를 더 신뢰하기 때문일 것이다.

집이 없어서 스트레스를 받는다고 무리해서 집을 장만하면 더 큰 스트레스를 떠안을 수 있다. 내 집 마련은 어디까지나 스스로 감당할 수 있는 범위 내에서 시도해야 한다. 너무 서두를 필요도 없다. 분양을 받든 매매를 하든 사회 분위기에 편승해 무리하게 취득하기보다 내 수준에 맞는 집을 마련하는 것이 바람직하다. 그래야 두 다리를 쭉 뻗고 맘 편하게 잠을 잘 수 있다. 무리하게 매입한 뒤 집값이 오르기를 기다리는 어리석은 행동은 가급적 자제하기 바란다.

알아두면 돈이 되는 꿀팁

적정한 주택담보대출 범위

적정한 주택담보대출 금액은 월 소득 대비 원리금 상환금액 30퍼센트 이하가 바람직하다. 개인에 따라 편차가 있긴 하지만 과거에 비해 대출이자가 낮아지면서 같은 소득 대비 더 많은 대출을 받을 수 있다. 따라서 향후 저금리 기조가 지속된다는 가정 아래 내 집 마련의 좋은 기회가 생긴다면 적극 검토해 볼 필요가 있다.

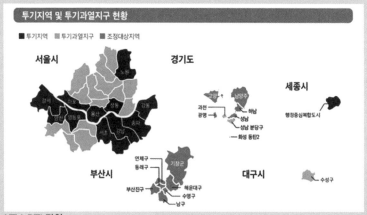

LTV, DTI 강화

구분	투기과열지구 및 투기지역		조정대상지역		그 외 수도권	
	LTV	DTI	LTV	DTI	LTV	DTI
서민 실수요자(완화)	50%	50%	70%	60%	70%	60%
주담대 미보유(기본)	40%	40%	60%	50%	70%	60%
주담대 1건 이상 보유(강화)	30%	30%	50%	40%	60%	50%

- **LTV(Loan To Value ratio : 담보인정비율)**

담보가격의 몇 퍼센트까지 대출을 허용하는지를 말한다. 예를 들어 담보가격이 10억 원인데 LTV가 30퍼센트라면 3억 원까지 대출이 가능하다.

- **DTI(Debt To Income ratio : 총부채상환비율)**

연봉에서 대출원리금 상환금액이 차지하는 비율을 말한다. 예를 들어 연봉이 5,000만 원이고 DTI가 60퍼센트라면 연간 원리금 상환액이 3,000만 원을 넘지 않는 범위에서 대출을 받을 수 있다.

LTV와 DTI는 AND 요건이므로 대출 실행시 둘 다 충족해야 한다.

3
나는 매일 여행을 희망한다

'스테이케이션(Staycation = stay + vacation)'이 대세다

경기가 장기간 가라앉자 정부는 소비 활성화로 경기를 진작시키기 위해 다양한 대안을 강구하고 있다. 그중 하나가 징검다리 휴일을 임시공휴일로 만들어 소비를 조장하는 일이다. 쓰고 싶지 않아도 쉬는 날 아이들과 집에만 틀어박혀 있을 수는 없지 않겠는가. 일단 밖으로 나가면 먹고 이동하고 구경하느라 생각지도 않던 지출이 발생할 수밖에 없다.

여행을 가면 우리는 보통 숙소에서 하루를 보내고 다른 여행지로 떠난다. 사실 우리나라는 일일생활권이라 굳이 숙박하지 않아도 된다. 그럼에도 불구하고 유명 숙박시설을 이용하는 이유는 피로를 풀며 여유롭게 여행을 하고 또 집이 아닌 다른 곳에서 하룻밤을 보내는

것도 재미있기 때문이다.

아이가 있는 집에서는 대개 아이들과 함께하는 숙박시설로 호텔보다 리조트를 애용한다. 아이들을 데리고 여행할 때의 숙박은 단순히 잠만 자는 것이 아니라 숙박시설 자체가 여행의 일부분이기 때문이다. 리조트 안에는 스포츠, 레저, 쇼핑을 즐길 수 있는 각종 편의시설이 있으므로 모든 것을 건물 내에서 해결하는 것이 가능하다.

여행을 갔는데 날씨가 좋지 않거나 특별히 갈 만한 관광지가 없을 때는 리조트에만 머물다가 오는 경우도 많다. 그렇다면 평상시에도 리조트에 있는 것처럼 살 수 있는 방법은 없을까? 그와 가장 유사한 주거 형태가 바로 주상복합아파트다.

주상복합아파트는 리조트처럼 건물 내에 모든 편의시설을 갖추고 있다. 골프연습장·헬스장 같은 스포츠 시설, 미용실, 피부관리숍, 마트 그리고 레저와 쇼핑을 위한 각종 편의시설이 갖춰져 있다. 따라서 굳이 건물 밖으로 나가지 않아도 생활에 필요한 모든 것을 얻을 수 있다.

그럼에도 불구하고 주상복합아파트가 천대를 받던 때도 있었다. 같은 공동주택이지만 아파트에 비해 전용률이 낮고 관리비가 비싸다는 단점 때문이었다. 이런 이유로 부촌의 상징인 서울 도곡동 타워팰리스도 한때 분양이 제대로 이뤄지지 않아 골머리를 앓았던 아픈 과거가 있다.

물론 지금은 상황이 많이 바뀌었다. 한 때 도곡동 타워팰리스와 삼성동 아이파크가 부촌의 상징이 된 것처럼 생활편의시설과 교통입지를 중요시하는 소비자에게 주상복합아파트가 좋은 주거 대안으로 떠올랐기 때문이다.

주상복합아파트의 단점으로 지적받는 전용률도 요즘 건설하는 주상복합아파트의 경우에는 거의 아파트에 육박하고 있다. 고액의 관리비도 상가와 아파트가 완벽하게 나뉘어져 있어 공동비용으로 들어가는 관리비가 낮을 수도 있다. 그러므로 기존 주택을 매입하거나 청약할 때 이 부분을 반드시 짚고 넘어갈 필요가 있다.

만약 주상복합아파트의 단점을 고려해 선택했다면 이제 여행을 떠날 준비만 하면 된다. 날씨가 덥든 춥든 비가 오든 눈이 오든 가벼운 옷차림으로 이미 갖춰진 생활편의시설을 누리기만 하면 그만 아닌가.

지금은 '스테이케이션(Staycation = stay + vacation)'이 대세다. 이것은 지출을 줄이며 집에서 여가를 즐긴다는 뜻이다. 어쩌면 주상복합아파트는 테라스하우스와 더불어 스테이케이션에 가장 적합한 주거 형태일지도 모른다.

알아두면 돈이 되는 꿀팁

주상복합아파트 선택시 유의사항

주상복합아파트의 최대 장점은 편의성과 도심 내 역세권에 위치한 교통입지 등이지만 분명 단점도 있다. 따라서 매입 시에는 분양 평형뿐만 아니라 실질적인 전용률을 알아보고 계절 별 관리비 수준도 체크해 보아야 한다.

부동산은 큰돈이 오가는 거래이기 때문에 한순간의 실수가 치명적인 손실을 초래할 수도 있 다. 특히 소형 아파트가 대세인 요즘 중대형 평형으로 이루어진 주상복합아파트는 투자 관 점보다 실수요 관점에서 접근해야 한다.

4

부동산의 가치는 입지로 판명된다

호황기에 빛나고 불황기에 버텨내는 부동산의 공통점에 주목하라

최근 우리나라 경제가 심상치 않다. 특히 조선, 해운 등을 필두로 그동안 경제발전에 견인차 역할을 해온 산업들이 구조조정에 들어가면서 국가 경제가 휘청거리고 있다. 이러한 경기 악화는 당연히 부동산시장에도 좋지 않은 영향을 끼친다.

내 고객 중 한 분은 대기업에서 재무기획을 담당하는데 그는 국내외 경제에 능통한 기획통이다. 그런 그가 근시일 내에 닥칠 경제위기에 대비하기 위해 아파트 매각자금을 외화예금에 예치했다. 이는 위기로 인해 환율이 상승하면 환차익을 얻겠다는 계획이다. 나아가 그는 부동산시장이 침체되어 있을 때 돈을 원화로 환전해 주택을 저가에 매입하겠다는 전략을 세우고 있다.

그의 얘기대로라면 부동산은 조만간 대세 하락기에 접어든다. 내가 그 고객의 의견에 전적으로 동의하는 것은 아니지만, 한국 경제의 경우 스마트폰처럼 기술혁신을 통한 아이템을 내놓지 못하면 정말로 어려운 상황을 맞이할 가능성이 크다. 다행히 정부는 미래의 먹을거리를 위해 부단히 노력하고 있는데 이는 정부가 위기를 인식하고 있음을 잘 보여주는 단면이다.

경제 같은 사회과학에는 변수가 굉장히 많기 때문에 미래를 확신하기 어렵지만 위기에 대비할 필요가 있다는 점에는 동감한다. 현 상황에서 우리나라에 경제위기가 닥치면 상대적으로 안전자산인 달러 가치는 상승할 테고, 경제위기 속에서 부동산시장만 호황을 누리리라고 기대하기는 어렵다.

그렇다면 부동산시장을 어떻게 바라봐야 할 것인가. 부동산시장에서는 전체적인 불황 속에서도 진주를 찾을 수 있다. 호황기에는 빛을 발하고 불황기에도 버텨내는 부동산의 일반적인 공통점은 '좋은 입지'다. 그래서 부동산은 첫째도 입지, 둘째도 입지, 셋째도 입지라는 말이 있는 것이다.

투자의 관점에서 1인 가구 증가에 대비해 역세권 인근의 단독주택을 매입해 향후 원룸주택으로 건축하면 수익창출을 기대할 수 있다. 물론 주택 매입 자본은 투자자가 준비해야 할 몫이다.

지하철 노선이 겹치는 더블·트리플·쿼터블 역세권은 주거용 부동산의 경우 호재로 작용하지만 상가 같은 수익용부동산은 오히려 독이 될 수 있다. 가령 분당선과 신분당선이 겹치는 경기도 분당의 정자역은 서울의 강남역으로 직행할 수 있는 신분당선이 생기면서 인근 주민이 정자역이 아닌 강남역에서 소비하자 상권이 활력을 잃었다. 이에 따라 초역세권에 위치한 상가까지 경매에 나오는 경우가 빈번해졌다.

역세권이라고 앞뒤 가리지 않고 투자하면 귀중한 목돈을 잃을 수 있다. 임장활동(실매물이 있는 현장에 직접 가보는 것을 말함)을 할 때는 당연히 거리와 시간만 계산하는 것이 아니라 주변 환경도 검토해야 한다.

주택을 선택할 때는 일반적으로 산지보다 평지가 가치가 높다는 점을 염두에 두어야 한다. 서울의 '한남 더 힐'처럼 조망이 좋고 부촌이라는 특수한 경우를 제외하고 아파트 이름에 '힐' 자가 붙으면 실질적으로 언덕 위에 있는 아파트라는 뜻이므로 매입에 신중해야 한다.

또한 지명에 '악', '재', '봉' 등이 포함되면 지세가 높고 험하다는 뜻이다. 예를 들어 관악구, 무악재, 도봉동 등은 인위적인 개발로 지세를 평탄하게 만들긴 했어도 그 원천은 높고 험한 지세다. 반면 한강변을 따라 개발된 반포, 압구정, 잠실 등은 강변에 접한 평지로 아파트 가격이 높게 형성되어 있다.

주택을 매입할 때 입지를 우선시할 경우 그 집은 향후 다가올 불황에도 견딜 보금자리이자 부를 지켜주는 좋은 수단이 될 것이다.

알아두면 돈이 되는 꿀팁

환차익을 위한 외화예금 예치

예금에는 달러, 엔화, 위안화 등 통화별 외화예금도 있는데 이것은 이자와 상관없이 환차익을 노리고 예치하는 경우가 많다. 최근 미국의 금리인상이 예상되면서 달러표시 외화예금 잔고가 계속 늘어나고 있다. 외화예금으로 얻은 환차익에는 세금이 붙지 않으며 외화예금 계좌가 있는 고객에게는 해외 송금수수료도 무료다. 또한 원리금과 환차익을 포함해 5,000만 원 이내로 예금자보호를 받을 수 있다.

예금자보호 금융상품

구분	예금자보호 ○	예금자보호 ×
은행	예금, 적금, 표지어음, 외화예금	양도성예금증서(CD), 환매조건부채권(RP), 주택청약종합저축
증권사	원금이 보존되는 금전신탁	수익증권, 뮤추얼펀드, MMF, 종합자산관리계좌 (CMA), 주가지수연계증권(ELS)
보험회사	공시이율형 보험	법인 보험계약
종합금융회사	어음관리계좌(CMA),발행어음	기업어음(CP), 종금사 발행채권
상호저축은행	예금, 적금, 신용부금	저축은행 발행채권(후순위채권)

• 종금사 CMA는 예금자보호가 되지만 증권사 CMA는 예금자보호가 되지 않는다.

5

내 재무 상태에 적합한 집은 평생 친구다

집은 자금 부담이 크지 않은 선에서 구입하라

해마다 연초에는 새해에 새로 바뀌는 내용, 경제 전망, 트렌드 등 단골 이슈가 된 강의물과 출판물이 쏟아져 나온다. 이는 사람들이 미래의 변화를 앞서 알고 싶어 하기 때문이다. 토정비결이나 신년 운수를 보는 것도 같은 맥락에서다.

특히 우리나라는 주택 매입과 관련해 경기 동향에 신경 쓰는 사람이 아주 많다. 가령 올해 아파트를 매입해야 하는지, 아니면 좀 더 저가에 매입할 기회를 기다려야 하는지 등을 궁금해 한다. 과거에 부동산 불패신화를 등에 업고 아파트 가격이 끝없이 오르던 시기에는 어떻게든 대출을 받아 최대한 많이 아파트를 보유하는 것이 훌륭한 재테크였다.

내 경우 부동산 가격 상승기에 마침 대출 업무를 담당했고 대출을 최대한 활용해 매입도 하고 경매로 낙찰도 받았다. 그때는 아이들이 어려서 지금처럼 교육비 부담이 덜해 자금 여유가 있었던 것도 큰 도움이 되었다.

요즘처럼 전세가격이 폭등할 때의 압박감이나 2년마다 임대인을 대해야 하는 스트레스는 직접 당해본 사람만 아는 고통이다. 조건이 맞지 않으면 또 이사를 해야 하는데, 이때 신경은 신경대로 쓰이고 비용은 비용대로 만만치 않다.

그래서 투기가 아닌 실수요자라면 집을 한 채 구입하는 것이 좋다. 집은 기본적인 주거도 해결해주지만 자산을 늘리고자 할 때 자금 융통을 지원해주는 은행과도 같다. 개중에는 부동산을 꺼리는 사람도 있는데 그 이유 중 하나는 환금성 때문이다. 하지만 아파트는 다른 부동산에 비해 매매도 잘 이뤄지고 자금이 필요할 때 낮은 이율로 대출도 가능하다. 오전에 대출을 신청하면 당일 수령이 가능할 정도다. 그런 의미에서 아파트는 현금과도 같다.

많은 전문가가 향후 아파트 가격에 대해 다양한 전망을 하는데 실수요자라면 일단 매입을 권유한다. 다만 입지와 시기는 충분히 고려해야 하므로 다음의 내용을 참고하기 바란다.

부동산을 주식 투자에 비유하면 기본적으로 내재가치 평가를 우선시하고, 그 다음으로 매입 시기를 결정하는 기술적 분석을 해야 한다. 그리고 자산 가치 측면에서 고려할 경우에는 아래의 세 가지 요소를 살펴봐야 한다.

첫째, 부동산의 종류에 상관없이 입지가 중요하다.

어느 위치에 있느냐에 따라 같은 평형대 아파트라도 가격이 천차만별이다. 서울은 주변이 산으로 둘러싸여 있고 한강이 동서를 가로지른다. 중심부에서 외곽으로 갈수록 산지이고 한강 주변은 평지다. 부동산은 보통 비탈진 산지보다 평지의 가치가 훨씬 더 높다. 2017년 현재 서울에서 가장 핫한 주거지역은 용산, 압구정, 반포, 잠실 등 한강에 인접한 지역이다.

둘째, 교통이 중요하다.

서울은 전철로 거미줄처럼 연결되어 있고 역세권에 위치한 아파트는 가치가 높다. 특히 다른 노선과 겹치는 환승역 주변은 더욱더 가치가 있다. 대표적인 핫라인은 서울을 순환하는 2호선과 급행으로 동서를 가로지르는 9호선이다. 특히 2호선과 9호선의 환승이 이뤄지는 종합운동장역은 삼성역 주변과 함께 국제교류복합지구로 조성된다. 이곳은 향후 관심을 기울여야 할 지역 중 하나다.

셋째, 향후 부동산 트렌드는 집중화다.

대한민국의 부동산은 서울 도심권과 강남권을 중심으로 개발 및 발전한다. 특히 주거와 관련해서는 강남을 중심으로 발전하므로 강남 아파트가 비싸긴 해도 투자하기에 좋다. 가격이 오를 때는 강남이 먼저 오른 뒤 가까운 순으로 주변이 오르기 때문이다. 반대로 가격이 떨어지면 강남이 가장 늦게 떨어진다. 그만큼 가격이 비싸긴 하지만 변동성도 적다.

나는 상담 중에 노후에 살기 좋은 주거지를 추천해달라는 요청을 많이 받는다. 만약 앞서 설명한 입지, 교통, 집중화와 더불어 주변 환경 및 병원을 고려한다면 나는 삼성의료원이 있는 강남구, 아산병원이 있는 송파구에 인접한 아파트 중 아시아선수촌아파트를 추천한다. 물론 자신의 재정 상황과 살아온 지역 등 여러 가지 요소를 감안해 주거지역을 선정하면 된다.

가치 있는 아파트를 선정했다면 매매 시기를 포착해야 하는데 매입 시기는 굳이 서두를 필요가 없다. 개별 건마다 차이가 있겠지만 가장 빠른 시기로는 2018년 이후를 노려볼 만하다. 2015년 밀어내기 분양을 하면서 무려 52만 호가 분양 물량으로 쏟아져 나왔기 때문이다. 분양을 하면 보통 2~3년 후 입주가 시작되는데 그 시기가 바로 2017년부터 2018년까지다. 지금 매매가 13억 원, 전세가 8억 원인 잠실 엘스아파트 32평은 입주 시기에 매매가 8억 원, 전세가 2억 원 초반이었다. 수요보다 공급이 많으면 가격은 떨어질 수밖에 없다. 즉, 수요자 우위 시장에서 저가에 매입해야 한다.

이처럼 저가에 매입하려면 미리 준비를 하는 것이 좋다. 다시 말해 마음속으로 내가 살고 싶은 지역에 나만의 가격을 선정해두고 원하는 가격대가 나왔을 때 사야 한다. 이렇게 준비하지 않으면 좀 더 낮은 가격만 생각하다가 대개는 매입하지 못한다. 물론 바닥에서 사면 좋지만 바닥을 알기란 쉽지 않다. 무릎에서 사면 싸게 산 것이라고 봐야 한다.

현재 문제가 되고 있는 생산가능인구 감소 상황을 고려하면 앞으로 인구가 거품이 있는 주택가격을 떠받치기는 힘들 것이다. 생산가능인구란 15~64세 인구로 우리나라의 경우 2017년부터 생산가능인구가 정점을 찍고 감소하기 시작한다. 생산가능인구는 생산에도 기여하지만 소비도 주도한다.

물론 여기에 반론을 펴는 전문가도 만만치 않다. 인구수는 줄어도 1인 가구 증가로 주택 수요는 줄지 않는다는 반론이다. 나도 여기에 동감하지만 1인 가구가 넓은 평형에 혼자 살지는 않으므로 소형 평형이 강세를 보일 전망이다. 아파트 규모는 1인당 8평을 곱해주면 적정하므로 4인 가족이면 4×8=32평형, 3인 가족이면 3×8=24평형 등 가족 수를 감안해 아파트를 매입하는 것이 바람직하다. 만약 임대수익용이거나 투자용이면 24평형 이하가 좋다.

아파트를 구입할 때는 경제 주기도 눈여겨봐야 한다. 여기에는 3년 주기인 단기, 10년 주기인 중기, 50~60년 주기인 장기가 있는데 우리가 주목해야 할 주기는 중기다. '주글라(Juglar)'라고 불리는 중기를 적용할 경우 1997년 IMF 구제금융, 2008년 금융위기, 2018년에 또 다른 위기를 예상할 수 있다.

사실은 지금도 위기다. 우리나라는 그동안 스마트폰, 반도체, 자동차 등의 성장 동력이 있었으나 지금은 어느 한 분야도 안심할 수 있는 단계가 아니다. LTE(Long Term Evolution)급 노령화로 인한 생산 가능인구 감소, 소비 부진이 낳은 내수시장 침체, 성장 동력 부재에 따른 성장 부진, 부진한 성장을 이겨내기 위한 저금리 정책, 저금리 정책이 낳은 가계부채 증가 등이 서로 맞물리면서 혁신적 변화 없이는 장기적인 경기침체를 벗어나기 힘든 상황이다.

이러한 경기침체는 당연히 부동산시장에도 영향을 미쳐 빚더미를 이겨내지 못하는 사람들의 매물이 쏟아질 수 있다. 우리 삶에서 아파트는 투자수단이 아니라 평생을 함께할 친구다. 원래 친구는 끼리끼리 모인다. 내 재무상태나 현금흐름에 적합한 수준에서 아파트라는 친구를 사귀어라. 아파트로 인해 자금 압박을 받으면 그 친구와 오래가지 못한다. 자신의 경제적인 수준에 맞는 아파트라야 평생친구가 될 수 있다.

알아두면 돈이 되는 꿀팁

국제교류복합지구

서울 삼성역과 봉은사역, 코엑스와 현대차그룹이 입성할 구 한전부지, 그리고 잠실종합운동장 인근이 국제교류복합지구로 지정되었다. 국제교류복합지구란 국제 업무, 마이스, 스포츠, 문화 엔터테인먼트산업이 이루어지는 복합지구를 말한다. 이 프로젝트는 서울 2030 개발계획의 하부계획으로 한양 도성, 여의도 영등포 일대, 강남을 서울의 3대 도심축으로 설정해 추진하고 있다.

여기서 마이스(MICE)는 기업회의(Meeting), 포상관광(Incentives), 컨벤션(Convention), 전시회(Exhibition)의 영문 첫 알파벳을 딴 신조어를 의미한다. 이 네 가지 산업 분야는 기업을 고객으로 한다는 점에서 일반 관광산업과 다르며 부가가치도 크다. 특히 국제적인 행사를 성공적으로 개최할 경우, 국가 이미지는 물론 사회·문화적 교류를 높이는 효과도 나타난다. 나는 이곳을 향후 대한민국 부동산의 중심지로 생각하고 있다.

6

직장인의 내 집 마련 전략

기준시가 4억 원 이내로 역세권 중소형 아파트를 구입하라

2015년부터 후끈 달아오른 주택 경기는 좀처럼 식을 줄을 모르고 있다. 그동안 미진하던 가격을 단번에 끌어올리기라도 하듯 주택 가격은 맹렬한 기세로 뛰어올랐다. 주택경기와 상관없이 누구에게나 살 집은 필요하다. 값이 오르든 내리든 나와 내 가족이 안정을 취할 공간은 있어야 하는 것이다. 불행히도 달팽이처럼 집을 갖고 태어나지 못한 인간은 온갖 노력을 투자해 편히 지낼 공간을 스스로 마련해야 한다.

급여소득자가 주택을 구입하는 최적의 시나리오는 다음과 같다.

첫째, 기준시가 4억 원 이하의 주택을 매입한다.

예를 들어 아파트라면 공동주택가격 4억 원 이하, 시세로는 대략

6억 원 이하다. 신규 아파트를 분양받을 경우 분양가가 곧 기준시가가 된다. 기준시가 4억 원 이하의 주택을 매입한 급여소득자가 주택 취득 후 3개월 이내에 주택담보대출을 받으면 납부한 이자에 대해 본인의 소득세율만큼 공제를 받는다. 이 경우 실질 납입 이자 부담을 줄일 수 있다.

둘째, 자신이 감당할 수 있는 범위 내에서 대출을 받는다.

요즘 정부 정책으로 인한 대출규제가 강화되고 있는데, 그래도 실수요자라면 도전해 볼 만하다. 보통 권장하는 차입금액은 대출원리금 납입금액이 소득의 30퍼센트 이내인 액수다.

셋째, 역세권 중소형 아파트를 추천한다.

향후 1인 가구 증가에 대비하는 측면에서 중소형 아파트가 유리하기도 하지만 요즘의 새 아파트는 베란다 확장으로 아파트 내부가 비교적 넓은 편이다. 1인 가구에는 젊은 층뿐 아니라 노인층도 속하며 이들은 빠른 기세로 늘어나고 있다. 특히 노인은 오피스텔이나 도시형 생활주택보다 산책이 가능한 아파트를 선호한다. 결국 인구구조 변화에 대비한 자산 가치 보존이라는 측면에서도 중소형 아파트가 유리하다.

기준시가 4억 원 이내로 역세권이나 향후 전철이 연장될 지역의 소형 아파트를 매입하면 가격 하락 위험을 줄일 수 있다. 오히려 프리미엄까지 기대할 수 있으므로 실수요자라면 더 이상 전세난민으로 떠돌지 말고 집주인으로 살아보자.

무주택자는 급전이 필요할 때 흔히 신용대출을 받는다. 그렇지만 주택, 특히 아파트를 소유하면 이는 현금을 쥐고 있는 것이나 다름없다. 아파트 소유자는 급전이 필요할 경우 저리로 담보대출을 받는 것이 가능하다. 더구나 정부가 주택담보대출을 규제하는 상황에서는 상대적으로 급여소득자가 소득증빙이 쉬워 대출이 유리하다.

급여소득자는 일단 금융상품을 활용함으로써 월급을 모아 목돈을 만들어야 한다. 그 목돈과 대출을 이용해 수익용 부동산을 매입할 경우 부동산 임대소득이 발생한다. 이런 일련의 과정을 거치면서 급여소득자도 부자가 될 수 있다. 단, 그 첫걸음은 주거와 대출이 가능하도록 해주는 내 집 마련이다.

가치 있는 주택을 싸게 구입할 기회를 찾기 위해 지속적인 관심이 필요하다. 매달 꼬박꼬박 나오는 월급을 받는 맛에 취해 아무 생각 없이 지내면 결국 회사를 떠날 때 후회만 남는다. 반면 미리미리 준비하면 오히려 여유롭게 회사생활을 할 수 있다.

최종적으로는 월급이 아닌 또 하나의 수입구조를 만드는 것이 중요하다. 특히 직장에서 근무하는 급여소득자에게는 부동산 임대소득이 상당히 매력적이다.

알아두면 돈이 되는 꿀팁

주택공시가격 알아보는 법

기준시가 4억 원 이하의 주택을 찾을 경우, 아파트는 공동주택공시가격을 조회하고 그 외 주택은 개별주택공시가격을 알아보는 것이 좋다. 이것은 스마트폰 앱 '한국감정원 부동산 시장정보'에서 조회가 가능하다. 그밖에도 다양한 부동산 정보를 이용할 수 있다.

7
직장인의 자산증식 전략

근로소득 외에 부동산 임대수입에 도전하라

    나는 가끔 사옥 지하에 있는 서점을 찾아간다. 그곳에 가서 최근 화제로 떠오른 베스트셀러 코너를 둘러보면 언제나 재테크 관련 서적이 빠지지 않고 올라와 있다.

    과거 한국이 고도성장을 하고 있을 때 돈 버는 방법은 비교적 쉬웠다. 돈이 있으면 아파트를 구입하고 돈이 없으면 빚을 내서라도 아파트를 사두면 그만이었다. 그런데 IMF 구제금융 이후 부동산도 가격이 떨어질 수 있다는 것을 학습하면서 사람들은 돈을 잘 버는 법, 즉 재테크에 관심을 기울이게 되었다.

    세상의 직업은 크게 사업자와 근로자로 나눌 수 있는데 부자는 대부분 사업자다. 이들 사업자에게 가장 훌륭한 재테크는 자신의 비즈

니스를 통해 수익을 창출하는 것이다. 그렇다면 근로자는 어떨까? 급여소득자의 경우 부자를 찾기 힘든데 그 이유는 업무 성과나 집중도에 따라 받는 수입이 한정되어 있기 때문이다. 한정된 수입은 정확히 한 달을 쓸 수 있는 액수다. 오히려 빚이 생기지 않으면 다행이고 지출보다 수입이 많더라도 그 돈을 저축만 해서는 부자가 되기 어렵다.

그렇다면 수입을 늘리거나 지출을 줄여야 하는데 무엇보다 불필요한 지출을 먼저 줄여야 한다. 버는 것보다 줄이는 것이 더 쉽지 않은가. 그렇게 해서 종잣돈을 만들어야 투자를 시작할 수 있다.

'투자' 하면 사람들은 대개 주식 투자와 부동산 투자를 떠올린다. 그런데 부동산 투자는 그 규모가 큰 탓에 근로자는 대개 지출을 줄여 모은 소액으로 저축을 하거나 주식 투자를 한다. 저축은 목돈을 만드는 수단에만 유용할 뿐 요즘 같은 저금리 시대에는 저축으로는 부자가 될 수 없다.

많은 근로자가 주식 투자에 관심을 기울이는 이유가 여기에 있지만 사실 주식 투자는 매우 어렵다. 투자를 잘하려면 그 기업을 포함해 업계, 국가, 나아가 세계의 경제흐름을 잘 읽어야 한다. 그러나 일반인이 그 모든 것을 감안해 투자하는 것은 쉽지 않고, 전문가들도 예측만 할 뿐 주가변동 상황을 매번 정확히 알아맞히는 것은 아니다.

상대적으로 부동산은 주식에 비해 변동성이 덜하다. 투자에 대해 잘 모르는 사람도 부동산시장을 바라보는 그들만의 견해는 있게 마련이다. 내가 아는 한 부동산 전문가는 아내의 의견을 듣고 부동산 투자를 최종적으로 결정한다. 그만큼 주부의 조언에 깊은 의미가 있음을 인정하기 때문이다.

특히 주택시장에서 주부들의 입김은 아주 중요하다. 그들의 의사 결정에 따라 부동산시장이 변할 정도다. 생각해보라! 집을 매매할 때, 이사 갈 때 부부 중에서 누구의 의견이 결정적인가? 실은 나도 지금까지 아내의 의견을 많이 따랐다.

사실 대한민국 국민은 모두 부동산 투자 전문가다. 이는 우리가 오랫동안 주택을 인간의 삶에서 기본적인 요소이자 투자 대상으로 여겨 왔기 때문이다. 아무리 경기하락이 지속될지라도 다른 것은 내놓을지 언정 집은 포기할 수 없지 않은가. 물론 규모를 줄일 수는 있다. 그런 측면에서 소형 주택은 경기에 덜 민감하고 안전한 편이다. 이것은 지금 소형 아파트가 엄청난 인기를 끄는 이유 중 하나이기도 하다.

결국 월급쟁이가 부자가 되는 방법은 자신의 근로소득 외에 지속적인 현금 유입이 발생하도록 부동산 임대소득 시스템을 구축하는 것이다. 만약 투자금액에 부담을 느낀다면, 또한 보다 나은 수익을 원한다면 나는 부동산 경매를 추천하고 싶다.

물론 전업투자자가 아닌 직장인이 일을 하면서 발품을 팔아야 하는 부동산 경매를 하기는 쉽지 않다. 그렇다면 잘 아는 공인중개사나 경매 컨설팅업체를 통해 경매에 입찰하는 것도 한 방법이다. 다만 소중한 내 돈을 무작정 맡기기보다 직접 부동산 경매를 공부하고 의뢰해야 한다.

돈은 내가 아는 분야에 투자해야 한다. 성공하든 실패하든 그 이유와 원인을 알아야 다음 투자에서 이길 수 있기 때문이다.

일반인이 부동산 경매를 두려워하는 이유는 보통 명도에 있다. 그것은 현재 경매 물건에서 살고 있는 소유자나 임차인들을 만나는 것을 말한다. 그리고 보면 세상에서 가장 무서운 것은 호환마마(호랑이에게 화를 당하는 호환과 천연두라 불리던 마마를 합친 말)보다 사람이 아닌가 싶다.

그렇지만 돈 벌기가 어디 쉽던가! 이런저런 갈등을 겪고 해결한 대가로 내 주머니에 돈이 들어오는 것이다. 초보적인 단계에서 어려움을 극복하도록 도와줄 파트너, 즉 공인중개사나 경매컨설턴트의 도움으로 입문한 뒤 실력을 기른 다음 혼자 뛰어드는 것도 좋다.

주택담보대출 규제로 경락잔금대출(법원 경매나 공매로 낙찰을 받은 부동산에 대해 부족한 잔금을 대출해주는 제도)도 영향이 있지만, 저금리 시대에 대안을 찾기가 쉽지 않은 상황에서 아직까지 부동산 경매는 투자수단으로 유효하다.

다만 과거처럼 눈 감고 대충 사서 기다리면 가격이 오르는 시대는 지났다. 실수를 줄이고 수익을 증대하기 위해서는 지속적인 관심이 필요하다.

부동산 경매 FLOW

1. 물건 선정

대법원 경매사이트나 포털, 유료 경매사이트를 통해 내가 원하는 지역, 가격, 물건을 선정하면 된다. 과거 직접 법원을 찾아다니거나 경매정보지를 통해 정보를 습득했던 선배들에 비해 그 얼마나 편해졌는가?

2. 권리 분석

처음 경매를 접하는 분들에게 가장 어려운 부분이 될 수도 있다. 하지만 등기부등본을 이해하고 말소기준권리를 알면 초보자도 권리분석이 가능하다. 초보자에게는 아파트가 가장 쉬운 물건이 될 수 있을 것 같다. 예를 들어 등기부등본 상의 근저당권이 설정된 날짜가 가장 빠르고 소유자 이외의 전입세대가 그 이후에 전입했다면 낙찰 받는 데 문제가 없다. 소유자가 거주하는 아파트에 입찰하는 것도 리스크를 줄이면서 경매를 몸소 체험할 수 있는 좋은 방법이다.

3. 임장

선정한 물건에 권리상에 문제가 없다면 직접 해당 물건을 찾아가서 보는 것이 중요하다. 물건의 주변환경이나 물건 상태, 버스정류장이나 전철역까지의 거리를 직접 걸어 보고 체크할 수 있다면 더욱 좋다. 필자도 과거 인터넷으로만 봤을 때는 문제가 없어 보였는데 직접 가 보니 실망을 한 경우가 종종 있다. 상가의 경우 인터넷으로 본 가게가 바뀌거나 공실인 경우도 허다하다.

4. 명도

낙찰을 받은 경우 살고 있는 거주인을 퇴거시켜야 한다. 권리상의 문제가 없다면 인도명령을 신청하면 되고, 선순위 임차인이 있다면 명도소송을 하면 된다. 인도명령은 3개월, 명도소송은 6개월 정도 소요되니 초보자라면 인도명령을 할 수 있는 물건을 선정하는 것이 좋다.

5. 관리 & 매매

낙찰 후 보유하다 매도를 할 수 있다. 그 물건의 관리 및 매도는 중개업자의 도움을 받아야 하므로 물건지에 가게 되면 내편이 될 수 있는 부동산 사장님을 사귀어 둬라. 정보도 얻을 수 있고 관리 및 매도 시에도 도움이 된다. 아파트의 경우 관리사무실이 따로 있기 때문에 관리상의 편리도 누릴 수 있다.

8

역세권 오피스텔 투자

종잣돈 액수에 따라 선택 유형을 달리 하라

　인생은 선택의 연속이다. 우리는 한 살 때부터 무언가를 선택하기 시작하는데 돌잔치에서 집어 드는 물건이 최초의 주목 대상이다. 아기가 청진기를 잡으면 어른들은 마치 의사라도 된 듯 좋아한다.

　하긴 우리는 매일 아침부터 선택의 순간을 맞이한다. 무엇을 먹을지, 무엇을 입을지, 무엇을 타고 이동할지, 일을 어떻게 처리할지 등 일상의 온갖 것이 선택으로 이뤄져 있다. 다만 우리가 그것을 일일이 의식하지 않을 뿐이다. 늘 회색 티셔츠를 즐겨 입는 페이스북의 CEO 마크 저커버그(Mark Zuckerberg)는 옷을 선택하는 사소한 일에 에너지를 낭비하고 싶지 않아 회색 티셔츠를 무려 50장이나 준비해놓고 그것만 입는다고 한다.

살아가다 보면 우리 앞에는 다양한 선택지가 놓이는데 그중에서도 다음의 두 가지는 인생을 바꿀 만큼 중요한 선택이다.

첫 번째는 배우자 선택이다. 평생을 함께할 동반자로 어떤 배우자를 만나느냐가 내 인생에 지대한 영향을 끼치는 것은 당연하다. 특히 결혼생활을 경험한 부모들은 자녀가 배우자를 선택할 시기가 다가오면 더욱더 신중을 기하려 한다. 어떤 사람을 만나느냐가 인생에서 얼마나 중요한지 직접 경험해봤기 때문이다.

그런데 누군가가 말했듯 결혼은 복불복인 것 같다. 결혼을 결정하기까지는 대다수가 신중하게 고려하지만 사람은 겪어봐야 안다는 말처럼 살아봐야 그 속을 드러내는 사람도 많으니 말이다. 다시 말해 마셔봐야 까나리 액젓인지 와인인지 알 수 있는 경우가 다반사다.

가장 이상적인 기준은 내가 한 여자 혹은 한 남자의 인생을 책임질 수 있는지, 그럴 만한 자격과 능력을 갖추고 있는지 자기 자신을 돌아보고 결정하는 것이다. 이기적인 자세로 자기 생각만 하면서 결혼하는 사람은 가뜩이나 이혼율이 늘어나는 세상에 그 비율을 더 높여주는 결과를 낳고 만다. 결혼은 두 사람뿐만 아니라 새로운 생명에게까지도 지대한 영향을 끼치는 일이므로 신중에 신중을 기해야 한다.

두 번째는 직업 선택이다. 이것은 내 인생에 평생 영향을 줄 선택으로 단순히 소득이 높다는 이유만으로 직업을 선택하는 것은 옳지 않다. 일단 자신의 적성에 맞는 직업을 선택한 뒤 그 분야에서 꾸준히 전문성을 키울 경우 돈은 저절로 따라온다.

그 소득이 사업소득이면 최선을 다해 부가가치를 키워야 한다. 반면 근로소득이라면, 다시 말해 월급이라면 그 이외에 수입이 발생하는 시스템을 구축해야 한다. 그 시스템은 부동산 임대소득이거나 주식 보유에 따른 배당소득, 금융상품에서 나오는 이자소득일 수 있다. 어떤 유형을 선택해도 무방하지만 여하튼 내가 가장 잘 아는 분야로 시스템을 만들어야 한다.

현실적으로 많은 사람이 사업자보다는 근로자로 살아가므로 여기서는 근로자의 입장에서 시스템을 구축하는 방법을 살펴보기로 하겠다.

인간은 삶에서 절대적으로 의식주를 필요로 하며 그런 의미에서 우리는 부동산에 관심을 기울일 수밖에 없다. 실제로 부동산에 관한 얘기가 전 국민의 관심 대상에서 순위권 밖으로 밀려난 적이 있을까 싶다.

일단 근로자는 금융기관을 통해 종잣돈부터 만들어야 한다. 어느 정도 목돈을 쥐고 있어야 투자 단계에 돌입할 수 있기 때문이다. 만약 목돈을 만들었다면 내가 가장 잘 아는 분야에 투자하는 것이 좋다.

가령 부동산에 친숙하다면 자금의 액수에 따라 투자에 변화를 주어야 한다. 1억 원 전후의 자금이면 오피스텔, 2억~3억 원이면 중소형 아파트, 10억 원 대면 다가구주택, 30억 원 전후이면 요즘 가장 뜨거운 관심을 받는 미니빌딩에 접근하는 것이 가능하다.

부동산 임대소득에 입문하는 소액 투자자들은 보통 오피스텔 투자에 관심이 많다. 그런데 저가 매입을 고려해 경매시장을 기웃거려도 막상 사려고 하면 거의 시세에 육박하는 가격에 낙찰되고 만다. 여기에다 서울의 문정지구나 마곡지구처럼 신축 오피스텔의 공급 과잉이 이뤄지는 곳이라면 투자에 더욱 신중할 필요가 있다.

물론 소형 아파트 임대수익률 3~4퍼센트에 비해 오피스텔은 5퍼센트 이상이므로 수익성이 좋긴 하지만, 오피스텔은 가격상승 면에서 소형 아파트에 뒤지므로 투자시 매각시점 가격도 예측해야 한다. 특히 오피스텔은 역세권이나 대학가 주변을 중심으로 투자해야 가격하락과 공실에 따른 위험성을 줄일 수 있다.

역세권 오피스텔 투자

1인 가구 증가와 더불어 오피스텔이 좋은 투자 대안으로 떠오르고 있다. 다만 투자가치 보존을 위해 역세권 오피스텔에 집중해야 한다. 역세권이란 역사 중심에서 반경 500미터 이내, 도보로 5~10분 이내의 거리에 있는 것을 말한다.

특히 오피스텔은 직장으로의 출퇴근이 용이해야 하므로 다른 부동산에 비해 초역세권이어야 환금성이나 공실 위험을 최소화할 수 있다. 그만큼 가격이 비싸긴 하겠지만 싼 가격을 담보로 자산가치 훼손을 초래하면 안 된다.

역세권임을 판명하기 위해서는 네이버 지도나 다음 지도를 통해 해당 물건지와 전철역까지의 거리와 시간을 살펴본 다음, 매입에 앞서 직접 도보로 시간을 재보는 것이 좋다.

9

두려움을 이기려면
그 두려움에 맞서야 한다

부동산 경매는 결코 두려운 투자 대상이 아니다

아시아 최고 갑부로 불리는 청쿵그룹의 리카싱(李嘉誠) 회장은 전 세계 54개국에서 500개가 넘는 기업을 운영하고 있으며 보유 재산은 약 30조 원이다. 중학교를 중퇴한 그는 성공비결 중 독서를 최고로 꼽는데, 그는 평생 잠자기 전 30분 동안 독서를 했다.

이것은 89세에 이른 그의 나이를 감안하면 결코 적지 않은 독서량이다. 그는 독서를 통해 단순히 정보만 수집한 것이 아니라 보다 넓은 비전과 비판적인 사고력을 키웠다.

우리는 독서를 통한 간접경험 외에도 다양한 매스컴의 영향을 받는다. 특히 영화는 우리가 쉽게 접근할 수 있는 장르로 많은 감동과 즐거움을 안겨주는데, 내가 좋아하는 영화 중 하나가 1992년에 개봉

한 영화 〈보디가드〉다. 캐빈 코스트너와 휘트니 휴스턴이 주연한 이 영화는 극이 재미있는 것은 물론 휘트니 휴스턴의 노래까지 듣는 즐거움을 선사했다.

이 영화의 한 대목에서 코스트너는 내 뇌리 속에 강하게 입력된 한마디 대사를 날렸다.

"두려움을 이기려면 그 두려움에 맞서야 한다."

20대 초반에 이 영화를 접한 이후 나는 두려우면 오히려 시도함으로써 두려움에 맞서 보려 했다.

부동산 경매는 대부분의 일반인에게 두려운 투자 대상이다. 투자에서 실패할지도 모른다는 두려움도 있지만 '명도' 역시 두려움을 안겨준다. 명도란 경매로 낙찰 받은 집에 현재 살고 있는 거주자를 내보내는 과정을 말한다. 흔히 고성이 오가고 멱살잡이를 해야 할 거라고 생각하지만 의외로 쉽게 해결되는 경우도 많다.

과거에 나는 경매를 통해 아파트를 낙찰 받은 뒤 점유자를 만나기 위해 직접 물건지에 방문한 적이 있다. 떨리는 마음을 쓸어 담고 간신히 대면을 했는데, 무상거주자로 있는 점유자의 셔츠 사이로 갑자기 용 두 마리가 삐죽 머리를 내미는 것이 아닌가! 뒤로 넘어져도 코가 깨진다더니 내가 주먹계에서 한가닥 하는 사람을 만날 줄이야!

사람들은 흔히 법보다 주먹이라고 말하지만 실상은 법도 강하다. 내 지위는 소유자고 상대방은 무상거주자였다. 나는 소유자로서 명도를 요구했고 상대방은 이사 갈 돈도 없다며 최대한 나갈 곳을 알아보겠다고 응답했다. 충분히 예견한 답변이었으나 그 말을 직접 들으니 시간이 좀 걸리겠다는 생각이 들었다.

낙찰자가 명도를 요구해도 곧바로 나가는 경우는 많지 않다.

빨라야 두 달 정도가 걸린다.

때론 버틸 수 있을 때까지 최대한 버티는 사람을 만나기도 한다. 낙찰을 받으면 인도명령 신청을 하는 이유가 여기에 있다. 이어 협상을 하는데 내가 낙찰 받은 물건은 말소기준권리라는 근저당권 전에 무상거주자로 전입한 상태였다.

책으로 배운 나는 무상거주자의 경우 말소기준권리보다 앞설지라도 인도명령 대상으로 알고 있어서 인도명령 신청만 했는데 한 달 뒤에 명도소송 대상이라는 것이 아닌가. 나는 낙찰 받고 나서 한 달 뒤에 부랴부랴 명도소송을 제기했다.

점유자를 내보내는 데 인도명령은 평균 3개월이 걸리고, 명도소송은 평균 6개월이 걸리기 때문에 낙찰자의 부담은 커진다. 여기에다 나는 낙찰 받고 나서 한 달 후에 신청했으니 7개월이 걸리는 셈이었다.

여유자금으로 경매한 것이 아니라서 기존 아파트 담보대출과 낙찰 받은 아파트 경락잔금대출로 잔금을 치른 나는 이자부담도 크고 점유자가 이사를 가겠다고 다짐한 터라 겁도 없이 기존 아파트를 매각했다. 하지만 점유자는 약속한 날로부터 한 달 이상 늦게 집을 비워주었고 결국 나는 본의 아니게 처갓집에서 신세를 졌다.

비록 부동산 대세 상승기에 낙찰을 받아 2억 원에 조금 못 미치는 매각차익을 얻었지만 당시에 나는 몹시 힘들었다. 물론 그 경험으로 자산관리업계에 입문하는 계기가 되었고, 후일 부동산 경매 경험으로 웰스 매니저 공모 면접에서 가산점을 받기도 했다.

젊어서 고생은 사서도 한다지만 일부러 이런 시행착오를 겪을 필요는 없다. 특히 투자 시장에서의 실수는 그것이 단 한 번에 불과할지라도 재기하기 어려운 과오로 남기도 한다.

두려움을 이기려면 그 두려움에 맞서야 한다.

그리고 두려움에 맞서기 위해서는 공부를 해야 한다.

공부를 통해 리스크를 줄이면서 두려움을 이겨내는 용기를 발휘하면 성공적인 투자에 한 발 더 다가설 수 있다.

알아두면 돈이 되는 꿀팁

부동산 경매 자금 활용 및 명도

경매는 여유자금으로 해야 한다. 내 종잣돈이 적을 경우에는 작은 물건을 낙찰 받으면 된다. 내 경우처럼 주택담보대출이 용이하지도 않고 무리해서 낙찰을 받으면 자금 압박에 시달릴 수 있다. 가장 이상적인 시나리오는 모든 채무를 없애고 종잣돈의 자금 규모에 맞춰 대출을 이용하는 방법이다. 즉, 대출 외 필요자금은 자기자본으로 해야 한다. 자기자본이 있어야 수익률이 올라가기 때문이다. 100퍼센트 타인 자본일 경우 대출이자로 인해 수익률이 낮아지고 투자에 문제가 생겼을 때 큰 손실을 볼 수 있다.

또 한 가지 유념해야 할 사항은 낙찰대금을 납부함과 동시에 인도명령을 신청해야 한다는 점이다. 상황이 모호한 경우에는 명도소송도 같이 신청해서 법적 준비를 완비한 후 점유자와 협의하는 것이 좋다. 순진하게 점유자의 말만 믿다가는 명도가 늦어지기 십상이다. 법적 압력과 함께 협의를 진행하면 대개는 법적 절차가 이뤄지기 이전에 이사를 간다.

사람과 직접 부딪치는 일은 아주 힘들다. 그래서 부동산 경매나 부동산 임대사업을 꺼리는 사람도 있는데, 부동산 투자로 수익을 창출하려면 이 정도는 감수해야 한다. 물론 관리대행을 의뢰하는 방법도 있으나 이 또한 비용 증가로 이어져 수익률을 떨어뜨린다.

두려움을 이기려면 그 두려움에 맞서야 한다. 부동산 경매는 그나마 다른 투자 수단에 비해 내 노력이 적게 들어가는 방법이다. 이 정도 노력조차 감수하지 않으면 돈을 버는 것은 요원해진다. 세상에 공짜는 없기 때문이다.

10
오피스텔 투자

그래도 부동산이다. 수익용 부동산이다

　부동산 경기의 흐름을 판단하는 기준은 정부의 정책, 금리, 매매 건수, 매매가 대비 전세가 비율 등 여러 가지 경우가 있다. 그중 필자는 부동산 상담 건수의 증감에 따라 부동산 경기를 판단하고 있다.

　2015년 이후 부동산 상담 건수가 급격히 증가하였는데 아니나 다를까 그만큼 부동산에 대한 관심이 증가하였다는 것을 나타냈으며, 이는 곧 부동산 가격의 상승과 연결되었다. 2017년 11월 현재는 몇 해 전에 비해 부동산 상담 건수가 많이 줄어들었다. 이는 정부의 부동산 정책이 어느 정도 영향을 미치고 있음을 나타내는 반증이기도 하다. 하지만 아직 정부의 목표에는 부족한가 보다. 8.2대책을 통해 주택가격의 상승을 방지하고, 금리인상과 대출정책을 통해 주택은 물론 비주택인 수익용 부동산까지 관리를 하려 한다.

시장 분위기는 투자자산으로서 부동산을 포기하지 못하고 있다. 필자도 목돈운용에 대한 조언을 듣기 위해 찾아온 고객들에게 부동산을 추천하고 있다. 금액에 따라 추천하는 대상이 달라지는데 1~2억 원은 오피스텔, 3~5억 원은 소형 아파트, 6~10억 원은 구분등기 상가, 10억~20억 원은 다가구주택, 30억~50억 원은 꼬마빌딩을 추천하고 있다. 그중 소액투자가 가능한 오피스텔은 용어 그대로 사무와 주거의 복합개념이다. 하지만 1인 가구를 위한 주거 용도로 많이 사용되고 있다. 그렇다고 주택은 아니다. 투자의 관점에서 볼 때 오피스텔 투자는 수익용 부동산의 관점으로 봐야 할 것이다.

나는 얼마 전 오피스텔 모델하우스를 방문했다. 1룸과 1.5룸이 전시되어 있었는데 두 곳을 비교하며 보았더니 도저히 1룸에는 눈길이 가지 않았다. 1억 원이 더 비싸지만 분양을 받는다면 1.5룸을 받고 싶었다.

예상 임대수익을 비교해 보니 1룸은 분양가 1억5천만 원에 보증금 1천만 원, 월세 60만 원, 1.5룸은 분양가 2억5천만 원에 보증금 1천만 원, 월세80만 원이었다. 수익률을 따져보니 1룸이 우수했다.

오피스텔 수익률 비교 (단위:원)

타입	분양가격	보증금	월세	수익률
1룸	1억5천만	1천만	60만	5.1%
1.5룸	2억5천만	1천만	80만	4.0%

주거의 시각으로 본다면 1.5룸은 희소성도 있고 주거의 편안함 때문에 분명히 매력이 있다. 하지만 오피스텔은 수익용 부동산이다. 수익용 부동산은 철저히 수익에 근거해서 투자분석을 해야 한다.

분양업계에 종사하는 필자 지인의 말을 빌린다면 모델하우스에 방문하는 내방객 중 일부는 오피스텔을 마치 소형 아파트로 인식해서 1.5룸을 계약하는 경우를 종종 본다고 한다. 사실 건설사 입장에서 보면 평형이 클수록 이익이 나는 구조이기 때문에 오피스텔을 주거용으로 인식하고 투자하는 고객은 호구인 셈이다.

그리고 한마디 덧붙였다. 1.5룸을 살 돈이 된다면 5천만 원 더 투자해서 1룸을 1개 더 사겠다는 것이다. 수익용 부동산의 가장 큰 리스크는 공실 위험인데 시장조사를 한 결과 현재 공실은 없었고 오히려 대기 수요가 있었으며, 본 오피스텔은 인근 지역에서는 마지막으로 들어갈 입지였다. 따라서 신규 오피스텔로 인한 임차수요의 감소 위험도 낮았다. 그래서인지 이미 인근에서 오피스텔 임대를 하고 있는 임대업자들이 분양을 받으려고 서두르고 있었다. 분명 돈이 몰리는 곳은 이유가 있음을 다시 한 번 확인하는 계기가 되었다.

알아두면 돈이 되는 꿀팁

오피스텔 투자시 고려할 사항들

1. 분양면적에 속지 말자. 중요한 건 전용면적이다

우리는 흔히 임대수익을 예상할 때 인근 유사 주변환경(교통, 생활편의시설 등)에 전용면적을 비교하여 임대수익을 추정한다. 이때의 기준은 분양면적이 아니라 전용면적이다.

2. 싼 게 비지떡이라지만 수익용 부동산은 다르다

오피스텔은 수익용 부동산이다. 투자 결정의 가장 중요한 요소는 수익률이다. 물건이 쌀수록 수익률은 올라가고 저가 매입시 수익률은 더욱 증가한다.

3. 인근 오피스텔의 공실률과 오피스텔의 신축 여부를 살펴봐라

공실률이 높다는 것은 수요에 비해 공급이 높다는 의미이다. 매입 전에 반드시 인근 공인중개사를 찾아가 주변 공실과 향후 인근 오피스텔의 신축 여부를 알아봐라.

4. 5년이 넘으면 매도를 고려하라

보통 신규 입주 후 5년이 넘으면 건물 상태가 부실해지기 시작한다. 한마디로 돈이 들어가기 시작한다는 것이다. 오피스텔의 재건축을 기대하기 어렵다면 속 썩이기 전에 매도한다. 모든 매도는 투자대상이 선정되고 난 후에 해야 한다. 매각 대금을 현금으로 보유하면 돈은 새기 마련이다. 저가 매입을 추구하는 인내심 있는 전문가가 아니라면 투자대상을 선정하고 매각해야 한다.

11

중소형 아파트 투자

누구나 쉽게 접근하는 부동산 투자, 아파트

투자 대상 가운데 대한민국 국민들 모두가 전문가인 투자 대상이 있다. 바로 부동산이다. 부동산 중에서도 아파트 투자가 그것이다. 아파트는 인간 생활의 의식주 중의 하나로서 거주의 기능을 수행하면서도 투자자산으로서의 가치가 매우 높다. 내가 아는 한 부동산 전문가는 아파트 투자에 있어서는 부인의 의견을 존중한다. 특히 아파트 매수에 있어서는 주부들의 입김이 큰 비중을 차지하는 것을 독자들도 인정할 것이다.

아파트의 선정에 있어서는 교통, 교육, 의료, 환경, 생활편의시설 등 아침에 출근해서 저녁에 퇴근하는 남편보다는 집에 있는 시간이 많은 주부의 영향력이 클 수밖에 없다. 그러다 보니 공급과 수요, 인구, 금리 등 아파트 투자에 영향을 미칠 수 있는 다양한 요소뿐만 아니라 심적인 측면도 무시할 수 없는 요인이 되기도 한다. 내가 아는 한 고객은 자녀의 교육 때문에 서울 강남으로 온 뒤 자녀가 명문대학에 입학했음에도 불구하고 낡은 아파트에 그대로 거주하고 있다. 물론 재건축이라는 호재도 있지만 더 큰 이유는 자녀의 결혼 때문이다.

강남에 산다는 것은 단순한 집의 위치만을 대변하는 것은 결코 아니다. 즉, 강남에 산다는 것은 보통 이상의 재력과 교육수준을 암시한다. 상대방이 강남에 살고 나도 강남에 산다면 왠지 모를 동질감과 편안함을 느낀다. 부모들도 자신과 비슷한 보통 이상의 사돈과 관계를 맺음으로써 자녀가 결혼 후에도 보통 이상의 삶을 살 수 있다는 생각을 하며 안심한다. 이러한 다양한 요인 때문에 강남구는 이미 서울특별시의 특별구로 자리잡고 있다.

미래의 아파트 가격에 대해 다양한 의견이 있지만 지금은 위기론보다는 불패론이 한발 앞선 느낌이다. 필자도 가격 변동성은 있을 수 있지만, 전체적인 가격의 흐름은 물가상승률과 연동하여 우상향할것으로 예상하고 있다. 주거와 투자의 대상으로서 아파트는 의사결정에 있어 주거가 먼저 일까, 투자가 먼저 일까? 실수요라면 당연히 주거가 먼저이다. 아파트는 사는(구입) 것이 아니라 사는(생활) 곳이기 때문이다. 하지만 주거에다 투자를 고려한다면 일석이조의 효과가 발생한다. 필자의 회사는 본사가 서울 중심지인 광화문에 있다. 그러다 보니 많은 직원이 출퇴근이 편리한 강북이나 경기도 일산에서 거주를 시작했다. 반면 강남에 배치를 받은 직원들은 마찬가지로 강남이나 경기도 분당에서 거주를 시작했다.

과거 초기에 투입된 주택비용은 크게 차이가 나지 않았지만, 지금의 주택가격은 비교가 안 될 정도다. 단순히 인사 배치에 따른 주거지의 차이가 부의 차이로 이어진 것이다.

사람들은 익숙함에 편안함을 느끼게 된다. 새로움도 시간이 지나면 또 다시 익숙해지고 편안함을 느끼게 된다. 가정마다 현재 살고 있는 곳에 대한 이유가 있을 것이다. 집값이나 근처에 가족들의 거주, 회사의 위치, 개발 호재 등 단언할 수는 없지만 용산, 강남, 압구정 등 가격 인상이 예상되는 곳으로 주거지를 옮길 수만 있다면 당신의 자산은 늘어날 것이다. 따라서 그곳에 익숙해진 여러분의 자녀들도 그곳에서 터전을 마련할 가능성은 매우 높다.

이는 자연스럽게 부를 마련할 수 있는 기회를 제공하는 것이다. 물론 하고 싶어도 한정된 자금 때문에 접근이 어려울 수도 있다. 과거처럼 대출도 쉽지 않다. 모두가 맞는 말이다. 실천이 어렵다면 계획하고 실천하려는 노력이라도 해봐야 한다. 그러다 보면 가까이 갈 수 있다.

대한민국 국민이라면 어느 지역이 인기가 있고 가격상승의 여력이 있는지 누구나 알고 있다. 그것도 친절하게 정부 당국이 알려주고 있다. 1순위는 투기지역, 2순위는 투기과열지구, 3순위는 청약조정대상지역이다. 정부의 규제 강도가 높다는 것은 그만큼 인기지역이라는 반증이 아닐까?

알아두면 돈이 되는 꿀팁

따져 봐야 할 아파트 선택 요건들

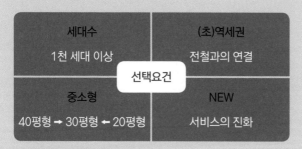

1. 세대수

세대수는 1천 세대 이상이 좋다. 1천 세대 이상은 되야 아파트의 커뮤니티 관련 시설들이나 관리비 등의 이점이 있다.

2. 역세권

서울은 전철이 거미줄처럼 이어져 있다. 날씨나 교통량에 상관없이 예측 가능한 시간에 이용할 수 있는 교통수단은 전철뿐이다. 전철과 직장 그리고 내가 사는 아파트 단지가 연결된다면 정확한 시간에 출퇴근이 가능한 스마트한 삶을 살 수 있다.

3. 중소형

가구 구조가 핵가족화 하면서 사람들은 적정 규모의 아파트를 선호하게 되었다. 또한 아파트를 과시의 수단보다는 효율적인 투자수단으로 접근하면서 중소형을 더 좋아하게 되었다. 실수요라면 4인 이하 가족을 기준으로 30평형(방3개)대를 넘지 않는 선에서 보유를 권유한다. 30평형대는 40평형대의 하한선이고, 20평형대의 상한선이 되기 때문에 안정적인 수요를 기반으로 하고 있다.

4. NEW

아파트는 단순한 주거의 기능에서 벗어나 지하주차장은 물론이고 카페와 접견실, 독서실, 헬스클럽 등 다양한 서비스를 제공하고 있다. 이러한 다양한 서비스를 염두에 두고 신축 아파트에 대한 욕구는 재건축 아파트의 가격을 상승시키고 있다. 새로움에 대한 갈증은 앞으로도 지속될 것이다.

3장

안정적 투자의 미래 설계

자산을 유지하는 것이 미래 부의 원천이다

1
펀드

주식 투자는 나쁜 걸까?

워런 버핏(Warren E. Buffett)이란 이름 앞에는 항상 '투자의 귀재'라는 수식어가 붙어 다닌다. 물론 요리를 좋아하는 나는 그 귀재와 함께 식사하는 비용에 더 관심이 있지만 말이다.

어떻게 식사 한 끼에 21억 원(2009년 경매가)을 주고 그와 식사를 하려고 줄을 서는지 일반인은 이해하기 힘들 것이다. 그렇지만 웬만한 부자들은 그와 식사를 하며 투자 조언을 들을 수 있다면 그 정도 돈은 약소하다고 생각한다.

아무튼 세계적인 갑부 버핏은 직접투자를 하는 사람은 말할 것도 없고 투자와 거리가 먼 사람에게조차 관심의 대상인 것만은 사실이다. 전 세계적으로 버핏의 투자방식을 따라 하는 기류가 형성되면서 주식을 장기간 묻어두는 투자에 관심을 기울이는 사람도 상당히 많다. 그러나 주식시장의 변동성이 워낙 크다 보니 투자자가 기대수익을 예측하기가 쉽지 않아 위험하고 손실을 많이 본다고 생각하는 경우도 많다.

그 와중에도 내 주변에 버핏을 제대로 따라 한 주인공이 있어 여기에 소개하고자 한다. 그렇다고 버핏이 소유한 86조 4,300억 원이라는 자산까지 본뜬 것은 아니다. 다만 투자에 대한 자세와 생각이 그와 같을 따름이다.

직장인 이 차장님은 주식 투자에 대한 시각이 남다르다.

그는 주식을 산다는 것은 자신이 그 회사의 오너가 되는 것이라고 여긴다. 물론 소액주주라 회사 경영에 참여하기는 어렵지만 지분을 떠나 회사의 주인이 된다는 점에 의미를 둔다. 이는 정확히 버핏과 같은 투자 방식이다.

실제로 이 차장님은 여러 회사의 지분을 소유하고 있다. 시세차익을 노리기보다 회사와 함께 성장한다는 생각으로 접근하면 단기간의 시세 변동에 신경 쓰지 않고 장기적인 안목으로 주식을 보유할 수 있다.

여기서 중요한 사실은 주식 투자로 돈을 번 사람은 대개 그 회사의 오너들이라는 점이다. 아무리 힘들고 어려워도 내 회사 주식은 계속 보유하게 마련이다. 〈제로 금리시대 100점 투자비법〉이라는 재테크 강의 내용을 살펴보면 신세계의 경우 2000년대에 주당 1만 원하던 주식이 2010년 70만 원대로 70배나 올랐다. 70만 원대가 될 때까지 팔지 않고 버틴 사람은 오너 일가밖에 없었다고 한다. 그만큼 그 회사를 잘 알아야 성공할 수 있는 것이 주식 투자다. 이 차장님은 이 원리를 잘 알고 있었다.

정철진 경제전문가가 《자본에 관한 불편한 진실》에서 말하듯 정크본드의 황제 마이클 밀켄(Michael Milken)의 성공적인 투자방법은 결국 내부자 거래정보였다는 사실만 봐도 해당 회사를 정확히 알 때 투자수익이 생기는 법이다.

기업의 내재가치를 알기 위해서는 기본적인 분석도 필요하지만 진리는 관심과 애정을 가지고 기업에 투자하는 사람이 성공한다는 것이다.

저금리 국면을 타계하기 위해 주식 투자를 하고 싶은데 기업에 대한 정보가 부족하다면 간접투자를 해도 좋다. 전문가에게 주식매매를 위탁할 수도 있고 개별종목에 대한 위험을 줄이기 위해 펀드에 가입하는 것도 한 방법이다. 펀드 수수료가 부담스럽다면 ETF(Exchange Traded Fund: 주가지수 움직임에 연동해 운용하며 실시간 매매가 가능하다. 또한 거래비용이 저렴하고 분산 투자 효과를 얻을 수 있다)에 가입해도 좋다.

펀드의 보수는 평균 2퍼센트지만 ETF의 평균 보수는 0.5퍼센트 수준이다. 수수료는 수익률에 영향을 주므로 매우 중요하다. 다만 펀드는 적립에 강제성이 있는 반면 ETF는 주식 투자처럼 시장의 변화에 따라 매매하기 때문에 투자가 쉽지 않다.

즉, 일반인은 대개 불황일 때 웬만한 강심장이 아니면 주식을 매입하기 힘들다. 그리고 호황이면 높은 가격에 주식을 추격 매수한다.

투자란 저가에 매입하고 고가에 매도하는 것을 의미하므로 적당히 올랐을 때 팔아야 한다. 그런데 일반인은 호황일 때 비싸게 사서 싸게 팔다 보니 주식 투자로 손해를 보는 경우가 많다.

결국 주식 투자는 하고 싶은데 그 기업을 잘 알지 못한다면 펀드나 ETF에 투자하는 것이 바람직하다.

저축처럼 주식 투자를 하고 싶은 사람은 펀드에 투자하고, 펀드보다 좀 더 수수료를 아끼면서 능동적으로 투자하고자 한다면 ETF에 투자하자.

알아두면 돈이 되는 꿀팁

정액분할투자법(Cost Averaging)

2008년의 금융위기를 기억하는가?

당시 주가가 요동치는 상황에서 미네르바가 나타나 한국 증시는 500선까지 떨어진다고 예측했다. 현실은 800선까지 떨어지는 것으로 마무리되었지만 사람들은 극심한 공포에 시달렸다. 그때 시장 회복을 확신하고 적극 저가매수에 나선 사람은 부자가 되었다. 그 무렵 현업에 있던 나도 고객들에게 극심한 공포를 이겨내고 저가매수를 하라고 권하기가 쉽지 않았다. 바닥과 천장은 신(神)밖에 모르는 일이지만 우리는 주가가 내리면 저가매수의 기회로, 주가가 상승하면 시세차익의 기회로 삼을 수 있다. 정액분할투자는 시장이 좋지 않아도 일정 금액을 낮은 단가로 매월 매수함으로써 장기적으로 평균매입단가를 낮추는 효과가 있다. 가령 펀드 가입 시 기대수익률을 설정하고 여기에 도달할 경우 환매하는 방법으로 펀드를 이용하면 수익을 창출할 수 있다.

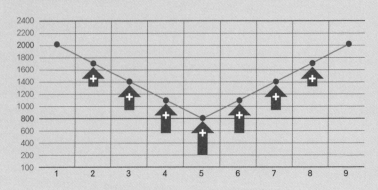

투자에 있어 가장 중요한 것은 바로 환매의 시기이다.
왜냐하면 환매야 말로 본인의 투자행위에 대한 수익을 확정 짓는 시기이기 때문이다.

2
변액보험

펀드와 변액보험 중 우리의 선택은?

저성장 국면을 타계하기 위한 저금리 기조가 지속되는 요즘에는 투자자들이 투자할 곳이 그리 마땅치 않다. 더구나 은행금리가 1.5퍼센트에 불과해 저축으로는 더 이상 수익을 내기 힘든 상황이다.

결국 투자자들은 은행금리보다 나은 수익을 위해 부동산 임대소득 같은 대안을 찾고 있다. 그렇다고 모든 자산을 100퍼센트 부동산으로 구성하는 것은 옳지 않다. 일부에서 우려하는 대로 부동산의 자산가치가 폭락할 수도 있기 때문이다.

그래서 필요한 것이 적정한 자산 보유 비율이다. 과거 83퍼센트에 육박하던 가계자산 중 부동산 비중은 이제 67.8퍼센트까지 내려갔다. 그렇지만 여타 선진국에 비하면 아직도 부동산 자산 비중이 꽤 높은 편이다. 내가 권하고 싶은 부동산과 금융 자산 비율은 50 대 50 이다.

그렇다고 보유한 부동산을 매각해서 부동산 비중을 줄이라는 얘기는 아니다. 정말로 아니다 싶은 물건은 매각해야겠지만 부동산은 가급적 움직이지 않는 것이 좋다. 왜냐하면 부동산을 취득할 때는 취득세, 보유할 때는 재산세 및 종합부동산세, 매각할 때는 양도소득세 등 부동산은 움직일 때마다 세금을 부과받기 때문이다.

부동산을 매각하지 않고 50 대 50의 균형을 이루는 방법은 금융자산 보유 비중을 늘리는 것이다. 금융자산 중 예·적금은 이자가 거의 없으므로 보관의 개념으로 단기간의 목적자금을 위해 활용하는 것이 좋다. 수익을 내기 위해서는 주식과 채권에 관심을 기울여야 한다. 그리고 보장 및 노후 재원 확보 측면에서는 보험을 활용하는 것이 바람직하다.

현실적으로 개인이 주식과 채권을 직접 하는 것은 쉽지 않다. 그래서 많은 사람이 전문가를 통한 간접투자를 하는데 이때 펀드나 변액보험을 활용할 수 있다.

먼저 펀드는 가입하기 전에 목표수익률을 정해놓고 접근하는 것이 좋다. 수수료 베이스가 잔고 기준이므로 잔고가 늘어나면 늘어날수록 수수료 부담은 커진다. 결국 펀드 투자는 목표수익률에 도달할 경우 환매해야 이익을 볼 수 있다. 그런 다음 새롭게 펀드에 가입한다. 아무튼 펀드는 투자형 상품이므로 손실을 볼 수 있음을 감안해야 한다.

변액보험은 주식과 채권으로 운용되지만 본질은 보험이며 수수료 베이스도 주로 납부하는 보험료에서 차감한다. 그래서 보험료 완납 후에는 본격적으로 적립금이 늘어난다. 보험료를 납부하는 동안 수수료가 차감되므로 운용하는 기간을 가급적 길게 하는 것이 가입자에게 유리하다. 한마디로 보험은 종류에 상관없이 종신토록 유지하는 것이 좋다.

의학 발달과 더불어 인간의 생존 기간은 점점 길어지고 있으므로 종류가 무엇이든 종신토록 보장받고 연금도 수령하는 것이 유리하다. 펀드는 10년 이내에, 보험은 10년 이상 종신토록 활용하기에 적합한 상품이다. 애초에 가입할 때 보험은 나와 평생을 함께할 동반자로 생각하고 종신토록 유지해야 한다.

그것이 보험을 제대로 이용하는 방법이다.

변액보험으로 수익내기

첫째, 보험료를 꾸준히 납부하라

시황이 좋지 않을 때 보험료를 납입하지 않으면 매입단가를 낮출 좋은 기회를 놓치고 만다. 쉽게 말해 주가지수 2,000포인트에 주식을 한 개 살 수 있다면, 1,000포인트에서는 같은 돈으로 주식을 두 개 살 수 있다.

둘째, 말일 날짜 자동이체를 피하라

가능하면 보험료 자동이체를 25일 전에 하라. 보통 말일 날짜에 주가가 올라가는 경향이 있기 때문에 말일 날짜에 보험료를 불입하면 높은 단가로 매입하게 된다. 이 경우 보험료가 똑같더라도 매입 좌수는 줄어든다.

셋째, 추가납입을 활용하라

추가로 납입하는 보험료는 기본 보험료에 비해 사업비를 적게 차감한다. 사업비 부담이 적으므로 실질적으로 운용하는 적립금이 기본 보험료보다 많다.

넷째, 적극적인 운용을 원한다면 펀드 변경을 활용하라

펀드의 경우 수익이 나지 않으면 환매해야 하지만 변액보험은 보험 내에 운용하는 펀드가 다양하므로 펀드만 변경하면 된다. 보통 1년에 열두 번 변경이 가능하고 변경시 수수료는 없거나 소액이기에 부담이 없다.

다만 펀드를 변경할 때는 시황을 보고 판단해야 하는데 그 판단 근거는 한국은행에서 매달 둘째 주 목요일에 발표하는 기준금리다. 보통 경기가 호황일 때는 기준금리가 올라가고, 불황일 때는 낮아진다. 비록 금리는 경기후행지수지만 경기를 확인하고 운용한다는 데 의미가 있고 우연치 않게 기준금리도 1년에 열두 번 발표한다.

주가가 상승하고 금리가 상승하는 국면에서는 주식형펀드가 유리하고, 불황으로 경기부양을 위해 금리가 하락하는 국면에서는 채권형펀드가 유리하다. 하지만 펀드 변경은 말처럼 쉽지 않으므로 잘 모르겠다 싶으면 운용기간이 긴 변액보험의 특성을 감안해 보수적인 관점에서 혼합형펀드를 선택하는 것도 한 방법이다.

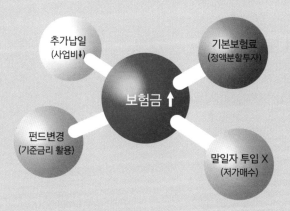

채권 50퍼센트와 주식 50퍼센트로 할 경우 경기가 좋으면 금리가 상승하므로 채권의 이자 수익과 주식의 주가상승으로 이익을 볼 수 있다. 시황이 좋지 않을 때는 금리하락으로 채권의 가치가 상승하고, 주식에서는 저가매입을 할 좋은 타이밍을 만난다.

말도 많고 탈도 많은 변액보험을 100퍼센트 활용하려면 종신토록 함께 가는 동반자로 생각해야 한다. 그리고 가입 시점부터 무리하지 않는 범위 내에서 보험료를 책정함으로써 보험료 때문에 스트레스를 받지 않도록 해야 한다.

3
종신보험

보험으로 자녀를 지킨다

사랑하는 사람과 결혼한 뒤 오랜 시간을 함께 이룬 모든 것이 한 순간에 각자의 이익관계로 둔갑하는 때가 있다. 이혼을 하는 경우 이런 일이 빈번하게 일어난다. 그것은 재혼을 해도 마찬가지다.

처음 결혼은 사랑이 전제되지만 재혼부터는 조건이 전제되는 일이 허다하다. 초혼의 이혼율보다 재혼의 이혼율이 3~4배 높은 이유는 대부분 자녀와의 관계나 자산(돈) 때문이다.

남부럽지 않은 소득을 올리는 중견기업의 김 상무님도 재혼을 하면서 사모님과 자녀 사이에 미묘한 갈등이 일어났다.

자녀들은 사모님을 엄마처럼 느끼는 게 쉽지 않았을 테고, 아마도 아빠를 빼앗긴 기분이 들었을 것이다. 사모님은 자녀들과의 관계를 개선하려 노력했지만 쉽지 않은 가슴앓이를 겪었으리라. 이런 평행선으로 인해 사모님은 남편이 없거나 자신이 늙었을 때, 어떻게 될지 모른다는 불안감을 느꼈다. 언제부터인가 사모님은 개인적인 소득이 발생하면서 자신의 노후를 위해 저축하고 남편의 소득으로 생활하기 시작했다. 이를 지켜보던 김 상무님은 아내의 마음을 이해는 했지만 서운함을 감출 수 없었다. 마치 이별을 준비하는 모습처럼 보였다고 하니 그 심정이 얼마나 씁쓸했을지 이해가 간다.

더구나 사모님과 혼인신고를 한 터라 자신이 먼저 사망하면 재산의 7분의 3을 사모님이 상속받고 그 나머지를 자녀 두 명이 각각 7분의 2씩 가져가는 상황이라 괜히 자녀들에게 미안한 마음까지 들었다.

그렇다고 이혼을 하자니 아직 미혼인 두 자녀의 미래에 악영향을 끼칠 것 같아 그것도 쉽지 않은 상황이었다.

대학생인 두 자녀를 보며 고민하던 김 상무님은 우여곡절 끝에 내게 상담을 요청했다. 나는 가족 간의 신뢰회복이 우선임을 거듭 강조하며 차선책으로 보험상품 중에서 생명보험 가입을 권유했다.

상무님이 계약자와 피보험자가 되고 수익자를 자녀로 지정할 경우 발생하는 사망보험금은 세법상으로는 상무님의 상속재산에 포함되지만 보험금이 수익자인 자녀에게로 간다. 별도로 유언을 남기지 않더라도 생명보험의 보험금은 유언의 효과가 발생한다.

재혼한 부부의 이혼율은 75퍼센트가 넘는다고 한다.

왠지 세상에 사랑이 사라져가는 것 같아 아쉬움이 크다.

언젠가 드라마 〈겨울연가〉에서 본 한 대목이 생각난다. 그 장면에서 기억을 상실한 배용준은 최지우와 이런 대화를 나눈다.

"당신은 그 사람을 왜 사랑했죠?"

"사랑하는 데 이유가 있나요?"

이는 자신이 사랑하는 사람이 앞에 있는데도 알아보지 못하는 상황에서 나눈 대화다.

초혼이든 재혼이든 누군가를 사랑한다는 것은 그 사람의 모든 것을 조건 없이 있는 그대로 받아들이는 것이라고 생각한다. 자녀나 돈 같은 조건이 사랑의 전제가 되지 않으면 얼마나 순수하고 좋을까!

알아두면 돈이 되는 꿀팁

왜 종신보험인가?

사망자(피상속인)의 재산에서 각종 공제와 부채를 차감했음에도 과표에 따라 상속세는 10~50퍼센트 세율이 적용된다. 재산의 반절이 세금일 수 있다는 것이다. 과중한 세금으로 인해 납세자들은 상속이 발생하기 전에 절세를 위한 방법을 강구하게 된다.

나는 이러한 니즈(Needs)의 고객이 방문하게 되면 투 트랙으로 접근하기를 권유한다.

그 첫 번째가 보험 가입이다

보험 가입의 이유는 당장 발생할 수 있는 리스크 때문이다. 앞서 말한 대로 상속은 예측이 불가하기 때문에 당장 발생할 수 있는 리스크는 보험으로 준비하기를 권유하고 있다. 물론 보험으로 전액 해결하기는 쉽지 않다. 그래서 두 번째 방법이 필요한 것이다.

두 번째 방법은 사전 증여다

결국 피상속인(사망자) 재산이 적어야 상속세가 발생하지 않거나, 줄일 수 있다. 보험은 2차적인 해결 방법이고 본원적으로 피상속인 재산을 줄여야 한다. 하지만 세금 문제를 떠나 무조건 준다면 정작 당신들의 노후가 불안할 수 있다. 풍요로운 노후가 해결되고도 남는 재산이 있다면 사전증여를 고려해 볼 수 있다. 참고로 세무적인 관점에서 1차적으로 본인 명의의 재산을 50억 원 이하로 줄일 수 있다면 의미가 있고, 50억 원 이하로 줄인 분들은 30억 원 이하로 줄이는 노력을 해 볼 필요가 있다. 그 이유는 상속재산가액에 따라 상속세 세무조사 강도와 상속세율이 달라지기 때문이다.

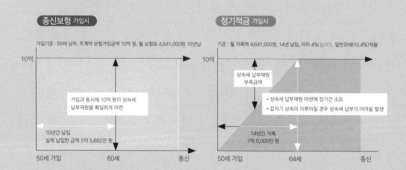

지키는 것이 가장 안정적인 투자이다

우리나라 금융기관은 크게 은행, 증권, 보험으로 대변된다. 금융기관마다 자산관리를 해주는 PB(Private Banker)나 웰스 매니저가 있는데 증권사가 투자에 강점이 있다면 은행은 자산관리, 보험은 자산 이전에 특히 강점이 있다. 내가 근무하는 보험사에는 주로 50대 이상의 고객들이 보유 자산을 어떻게 자녀에게 이전할 지에 대한 상담이 많이 이루어진다.

그리고 상담을 통해 그동안 보유한 자산의 대부분이 부동산으로 이루어져 있음을 알 수 있다. 심지어는 자산 100퍼센트가 부동산인 경우도 종종 보게 된다. 우리나라 사람들의 부동산 사랑은 정말 대단한 것 같다.

한국인의 사랑을 받아 온 부동산이지만 자산 이전에 있어서는 장점과 약점이 상존한다. 장점은 상속이나 증여시 부동산의 개별성으로 인한 시가 적용이 쉽지 않아 공시가격이 적용된다는 점이다. 물론 원칙은 시가가 원칙이지만 공시가격이 적용되는 경우가 적지 않다. 예를 들어 대한민국의 중심지인 서울 종로구 종로1가 1번지에 있는 건물은 오로지 전 세계를 통틀어 오직 하나만 존재하기 때문에 매매 사례가 없다면 시가를 알 수 없고 공시가격을 기준으로 평가할 수밖에 없다.

공시가격이 적용될 경우 시세보다는 낮은 가액으로 평가되기 때문에 상속을 받는 상속인이나 증여를 받는 수증인 입장에서는 세부담이 적어진다. 즉 100억 원 상당의 시세가 적용되는 부동산 일지라도 공시가격은 70퍼센트 전후로 하기 때문에 70억 원 선으로 평가되어 세금이 절세되는 측면이 있다. 물론 아파트와 같이 실거래가가 노출되어 있는 경우에는 공시가격을 적용하기 힘들다.

즉, 시가로 평가되기 때문에 저가 평가로 인한 이익은 줄어든다.

지금까지 부동산 자산 이전과 관련된 장점을 논했다면 단점은 세금 납부에 있어서의 문제점이다. 상속세나 증여세는 물론 모든 세금은 현금 납부를 원칙으로 하고 있다. 하지만 대부분의 자산이 부동산으로 형성되어 있으면 어떨까? 납세 재원 마련이 쉽지 않을 것이다.

상속을 예를 들어 설명해 보자.

만약 부동산 자산가의 상속시 상속재산 대부분이 부동산이라면 상속인은 상속세 납세재원을 마련하기 위해 다음과 같은 의사결정을 하게 될 것이다. 첫 번째, 상속받은 부동산을 급매로 환가하여 세금을 납부하는 방법. 두 번째, 상속받은 부동산을 담보로 대출을 받아 납세재원을 마련하는 방법. 세 번째, 현금 대신 상속받은 부동산으로 세금을 대신하는 방법이다. 하지만, 이 세 가지 모두 치명적인 약점이 존재한다.

첫째, 상속받은 부동산을 급매로 처분하는 경우다.

우리가 급매를 통해 저가의 부동산을 매입할 수 있는 것처럼, 매도자 입장에서는 제값을 받지 못할 것이다. 세금 납부가 아니라면 급하게 매각해서 손실을 볼 일이 없었을 텐데 납부재원을 마련하기 위해 손실을 볼 수 있다는 것이다. 제값을 받는다 하더라도 매매가가 노출되어 공시가격이 아닌 시세 적용으로 세부담은 커진다.

둘째, 부동산을 담보로 대출을 받아 세금을 내는 방법이다.

담보대출을 받게 되면 그 부동산을 평가하기 위해 감정평가를 받게 된다. 감정가는 보통 시세의 85퍼센트를 전후하게 되는데 결국 100억 원 가치의 부동산이면 85억 원 정도 평가된다는 것이다. 앞서 시세가 없을 경우 시세의 70퍼센트 전후하는 공시가격으로 평가되지만 담보감정 사례가 있다면 감정가가 평가금액이 될 것이다. 즉, 담보감정을 받지 않았다면 70억 원으로 신고 될 수 있었던 부동산이 감정평가로 인해 85억 원으로 신고해야 한다는 것이다. 15억 원의 상속재산가액이 늘어남과 동시에 납세자의 세부담도 늘어난다.

셋째, 부동산으로 세금을 내는 방법 즉, 물납을 하는 경우인데 이 경우 부동산의 장점이 약점으로 바뀐다. 100억 원 가치의 부동산을 물납하면 매매사례가 없을 경우 공시가격인 70억 원을 납부한 것으로 인정되기 때문에 납세자 입장에서는 30억 원을 손해 본다.

결국 상속인 입장에서는 향후 발생할 지도 모를 리스크를 대비해 상속세 납부재원을 마련하는 것이 중요하다. 특히 그 시점을 알 수 없는 상속이라면 사망과 동시에 지정된 금액이 지급되는 종신보험을 추천한다. 상속을 예측할 수 있다면 적금이나 펀드도 대안이 되지만 어느 누구도 상속 시기를 알 수는 없기 때문이다.

알아두면 돈이 되는 꿀팁

보험금 상속세 절세 방법

보험에 가입하면 보통 계약자, 피보험자, 수익자 등의 용어를 접하는데 이들 용어만 제대로 이해해도 절세와 동시에 재무목표를 달성할 수 있다.

우선 '계약자'는 보험의 권리를 갖고 있는 사람이자 소유권자로 보통 계약자가 보험료를 납부하는 경우가 많다. '피보험자'는 보험의 대상이다. 즉, 피보험자가 사망하면 사망보험금, 입원하면 입원보험금 등 피보험자로 지정된 사람에게 보험사고가 발생해야 보험금이 발생한다. 마지막으로 '수익자'는 보험에서 발생한 보험금을 수령하는 자를 말한다.

보험료는 혜택을 받기 위해 매달 혹은 목돈으로 보험회사에 내는 돈을 말하고, 보험금은 수익자가 보험회사로부터 받는 돈을 의미한다. 결국 절세 포인트는 보험료를 내는 사람과 보험금을 받는 사람이 같도록 계약하는 데 있다. 계약자와 수익자가 같을 때 발생한 보험금은 돈을 낸 사람이 받는 구조이기 때문에 상속도 증여도 아닌 비과세가 된다.

효과적인 계약자 관계

계약자와 수익자를 일치시키는 것이 중요

4

연금보험

노후는 연금 멀티전략으로 준비하라

시절이 하도 휙휙 바뀌다 보니 TV에서 외국 모델이 광고하던 모습을 어색해하던 때가 까마득한 옛일처럼 느껴진다. 그만큼 국제화와 글로벌이 말뿐이 아닌 현실로 나타나면서 단일민족의 개념까지 많이 퇴화했다.

예전에는 어느 한 나라의 경제가 가라앉아도 강 건너 불구경하듯 했지만 지금은 신경을 바짝 곤두세워야 한다. 정치, 경제, 문화가 말 그대로 글로벌화하면서 전 세계가 마치 한 나라처럼 움직이고 있기 때문이다.

국제적인 교류가 활발하지 않았던 시대에는 보고 배우는 것이 주로 자기 나라 안에서 이뤄졌지만 이제는 교류가 전 세계적으로 활발하게 이뤄지다 보니 사람에 대한 호기심도 다양해졌다. 이에 따라 국적이 다른 남녀가 결혼하는 일이 대폭 늘어났고, 심지어 자신의 국적을 포기하고 사랑하는 사람의 국적을 취득하기도 한다. 경제적으로 여유가 있는 사람은 동남아나 중앙아시아 지역으로 아예 이주하는 경우도 흔하다.

내가 만난 40대 중반의 강 사장님은 의류도소매업을 하는데 미혼이지만 결혼을 위해 처절하게 몸부림치지 않는다. 오히려 어차피 늦어진 결혼인데 이왕이면 다른 나라 여성과 결혼하고 싶다고 말한다.

한국에서 살고 싶은 생각이 없는지 50세 이후에는 해외에서 제2의 인생을 살 계획이라고 했다. 그가 나를 찾아와 50세 이후 해외에서 살기 위해 은퇴계획을 세우려 한다고 했을 때 얼마나 부러웠는지 모른다.

결혼이 늦어진 강 사장님에게 나는 해외생활에서 안정적으로 자금을 마련할 수단으로 연금상품을 제안했다. 직접 일하지 않아도 소득이 발생하는 불로소득에는 부동산 임대소득도 있지만 건물 관리와 관련된 임대차계약, 임대되지 않을 경우의 임차인 확보, 월세를 내지 않는 세입자의 명도 등 신경 써야 할 일이 적지 않다.

노후 직업으로 부동산 임대업은 힘든 일이다. 특히 강 사장님처럼 해외에서 노후를 보낼 생각이라면 부동산 임대 소득원은 적합하지 않다. 이런 경우에는 연금상품이 안성맞춤이다.

강 사장님은 개인사업자로 국민연금에 가입되어 있다.

국민연금 수령자가 외국에서 거주할 경우 보통 일시금으로 수령하는데 본인이 원하면 연금으로 수령하는 것도 가능하다. 또한 연금저축과 노란우산공제에 가입하면 종합소득세 신고시 공제받을 수 있어 절세를 통한 노후재원 확보도 가능하다. 자영업자가 3층 연금으로 노후를 대비하는 방법은 1층은 국민연금, 2층은 연금저축과 노란우산공제, 3층은 개인연금보험으로 쌓는 것이다. 국민연금은 물가상승률을 감안해 지급받지만 납입액은 정해져 있다. 연금저축은 보통 연 400만 원, 노란우산공제는 연 300만 원을 납입하면 공제혜택을 100퍼센트 활용할 수 있다.

여기에다 가용자금이 있을 경우 연금보험에 가입하는 것이 좋다. 강 사장님도 은퇴 이후의 주 생활자금은 종신형 연금보험이다. 연금보험은 부동산과 달리 관리가 필요 없다. 목돈으로 불입하든 적립식으로 납입하든 가입자가 원하는 시기에 매달 연금을 지급한다. 하지만 연금보험은 국민연금처럼 물가상승률을 감안하지 않는다.

이러한 단점을 극복하기 위해 나는 멀티전략을 세우도록 했다. 예를 들면 국민연금은 65세, 연금저축은 55세, 노란우산공제는 조건충족시 60세부터 연금수령이 가능하다. 그런데 국민연금, 연금저축, 노란우산공제로는 원하는 생활자금을 확보하기 어려워 50세부터 연금이 나오는 종신형 연금보험에 가입하게 했다. 컨설팅 당시 연금보험은 건이나 금액에 상관없이 비과세가 되어 여유자금이 생길 때마다 가입시켰다. 그러나 2017년 4월 1일 이후 보험차익 비과세는 1인당

일시납 1억 원, 월납 150만 원까지만 비과세가 가능하니 강 사장님은 정말 운이 좋은 분이시다.

50세부터 지급받는 연금액의 가치가 줄어들면, 55세에 연금저축에서 나오는 연금으로 보완하고, 또 가치가 줄어들면 60세에 나오는 노란우산공제가 연금액의 가치를 보완할 수 있다. 65세부터는 국민연금도 지급받는다. 이처럼 연금을 5년 단위로 보완하고 부족한 부분은 연금보험을 통해 연단위로 보완하는 것이 이상적이다.

돈 걱정 없는 미래를 준비하는 강 사장님에게 은퇴는 피하고 싶은 끝이 아니라 기다려지는 또 다른 인생의 시작이 아닐까?

알아두면 돈이 되는 꿀팁

연금 멀티전략

사람들이 은퇴자금으로 금융자산보다 부동산을 선호하는 이유는 물가상승률 때문이다. 만약 이것이 염려스럽다면 연금 개시 시기를 달리해 화폐가치 하락분을 새로운 연금으로 대체하는 것도 한 요령이다.

시기가 다른 다수의 종신연금보험을 지속적으로 지급받을 경우, 화폐가치 하락으로 인한 불안감을 해소할 수 있다. 멀티전략에 따라 노후를 준비하면 어떤 상황이 닥쳐도 최소한의 생활자금은 마련할 수 있을 것이다.

연금액 가치 하락을 방지하기 위한 연금 멀티전략

5
실손보험

실손보험으로 의료비 지출을 줄여
메디푸어에서 벗어나자

2015년 서울 아파트의 평균 전세 값은 3억 7,800만 원이었다. 통계청이 발표한 도시근로자 가구의 연간 소득이 5,300만 원이므로 결국 돈을 전혀 쓰지 않고 7년을 모아야 아파트 전세를 얻는다는 계산이 나온다. 물론 강남권은 더 비싸기 때문에 8년 2개월 정도가 걸린다. 아파트를 매입할 수 있는 기간이 이 정도라면 희망을 갖겠지만 아쉽게도 이 기간은 아파트 전세를 얻는 데 걸리는 기간이다.

아파트 매입에 걸리는 기간은 10년 이상이다.

그것도 서울권은 15년 이상이며 대출을 끼지 않고는 언감생심이다. 그런데 대출을 끼고 집을 사는 사람은 빚 좋은 개살구에 불과하고 자칫 잘못하면 하우스 푸어(House Poor)로 전락하기 십상이다.

이처럼 우리는 소득과 지출의 불일치로 인한 각종 푸어 시대에 살고 있다.

소득의 상당 부분을 사교육비에 지출해 삶의 질이 낮아지는 에듀푸어, 지나친 양육비 부담으로 노후가 난감해지는 실버푸어까지 푸어의 종류도 다양하다.

그러면 메디푸어(Medi Poor)는 어떨까?

메디푸어란 의료비 지출이 많은 빈곤층을 말한다.

내 고객 중에 골프를 좋아하는 회사원 최 차장님은 골프를 즐기다가 팔꿈치가 아파서 정형외과를 방문했다. 의사가 치료 방법을 설명하면서 실손보험 가입 여부를 묻자, '사' 자가 들어가는 사람은 없는 사람들 등칠 궁리만 한다는 말이 생각나서 순간 확 열이 받았단다. 하지만 조금도 내색하지 않고 이유를 묻자 의사가 말하더란다.

"치료 방법은 다양합니다. 우선 건강보험을 적용해서 저렴하게 치료하는 방법이 있는데 치료기간이 길고 자주 치료를 받아야 한다는 단점이 있습니다. 반면 치료비는 비싸지만 단기간에 치료하는 방법도 있습니다. 만약 실손보험이 있다면 큰 부담 없이 고가의 치료로 금방 나을 수 있습니다."

당시 최 차장님은 실손보험에 가입하지 않은 상황이라 한참 고민했다. 독자 여러분이 최 차장님 같은 상황이라면 어떻게 할 것인가? 최 차장님은 병원비가 아까워 오래 걸리지만 저가의 치료 방법을 선택했다. 하지만 치료를 받으면서 자신이 메디푸어라는 사실에 마음이 몹시 씁쓸했다고 한다.

서민을 위해 건강보험제도를 만들었지만 시간도 돈도 없는 서민은 의료혜택도 제대로 받지 못한다는 생각에 열을 받은 최 차장님은 즉시 배우자와 자녀들을 위해 실손보험에 가입했다. 어찌 보면 이것은 웃기면서도 슬픈 사연이다.

많은 보험상품 중에서도 일반인들이 반드시 가입해야 할 것은 바로 실손보험이다. 100세 시대에 무병장수하면 좋겠지만 그것은 현실적으로 매우 어려운 일이다. 신체노동이나 감정노동이 많은 일반인은 알게 모르게 질병에 시달리며 살아간다. 만약 질병으로 지출해야 할 비용이 늘어나면 부자가 되는 길은 요원해진다.

알아두면 돈이 되는 꿀팁

실손보험 가입 요령

실손보험은 자산관리의 일환으로 가입할 때 신중을 기할 필요가 있다. 금융상품은 대체로 과거에 만든 상품 중에 좋은 것이 많다. 실손보험도 마찬가지다. 나이가 들거나 늦게 가입할수록 조건이 나빠지고 가입자 부담금 비율이 높아진다.

자산관리 차원에서 자신과 가족을 위해 효율적으로 실손보험에 가입하면 적은 비용으로 만약의 사태에 대비하는 것은 물론, 상해나 질병이 발생했을 때 소액의 의료비를 부담하고 보상을 받을 수 있으므로 다음의 가입 요령을 참고하기 바란다.

- 먼저 기본보험에 실손보험이 있는지 확인하고 가입하자. 실비보상은 중복보상을 받을 수 없으므로 여러 개를 가입했더라도 보험금은 n분의 1이다. 많은 돈을 지불하고 보험금은 똑같이 받는다면 비효율적인 지출이다.

- 보장기간을 최대한 길게 하자. 보장기간이 짧으면 추후에 재가입하고 싶어도 나이와 병력으로 인해 가입이 불가거나 가입하더라도 비용은 늘어나고 보장혜택은 줄어든다.

- 기본 실손보장 외에 가족력이나 본인이 취약한 부분은 특약으로 선택해 비용을 최소화하고 가급적 보험료가 오르지 않는 비갱신형에 가입하자.

- 실손보험은 의료비 청구가 다른 보험에 비해 많으므로 청구 절차가 간편하고 지급을 잘하는 회사를 선택하는 것이 유리하다. 요즘은 스마트폰 앱이나 팩스 청구로 보험금 수령도 가능하다.

- 보험료가 부담스럽다면 만기시 환급이 되지 않은 순수보장성보험을 선택해 지속적으로 보험혜택을 적용받자.

6

절세 금융상품

저축의 놀라운 마술을 배워라

얼마 전 7급 공무원 시험에 합격하기 위해 서울종합청사에 침입해 성적과 합격자 명단을 조작한 송모 씨의 뉴스를 접했다. 그 내용을 들어 보았더니 2년이 넘는 시험 준비에 지쳐 범행을 저질렀다고 한다. 이 사건은 취업하기가 동아줄을 바늘구멍에 꿰는 것처럼 어려운 사회의 한 단면을 잘 보여준다.

설령 그 어렵다는 취업의 문을 뚫고 사회에 진출할지라도 모든 게 해결되는 것은 아니다. 입사한 직후부터 퇴사를 염두에 두어야 하고 또 부양해야 할 가족이 있을 경우에는 주어진 월급으로 한 달을 살기에도 빠듯하다는 현실에 직면해야 한다.

결국 직장인이 저축할 수 있는 가장 좋은 시기는 미혼 시절이다.

나는 미혼 급여생활자에게 수입의 70퍼센트를 저축하라고 조언한다. 그처럼 독하게 저축하지 않으면 목돈을 만들 수 있는 좋은 시기를 놓치기 때문이다.

건설사에 근무하는 A씨는 33세로 직급은 대리다. 수입은 세후로 월 300만 원인데 100만 원은 생활비로 쓰고 가용자금 200만 원은 특별한 목적 없이 CMA에 저축했다. 그는 저축을 많이 하는 편에 속했으나 어디에 저축하는 것이 더 좋을지 알아보기 위해 나를 찾아왔다.

각 금융사에서 제안하는 금융상품은 모두 좋지만 그 모든 것에 기입할 여력을 갖춘 사람은 별로 없다. 그러므로 자신의 상황에 맞는 상품을 골라서 선택해야 한다.

급여생활자는 우선 연말정산에 대비한 세테크가 기본이다. 투자수익은 변하지만 절세를 통한 수익은 요건만 갖추면 확실하기 때문이다.

A씨의 경우 15퍼센트 소득세율 구간이다. 개인에 따라 차이가 있지만 연봉이 3,000만 원 이상이고 향후 급여가 인상될 예정이라면 저축을 할 때 소득공제상품, 세액공제상품, 비과세상품 순으로 금융상품에 가입하길 권한다. 왜냐하면 소득공제 절세율은 소득에 따라 15~40퍼센트지만 세액공제는 상품에 따라 12퍼센트 또는 15퍼센트이기 때문이다. 그 다음이 비과세상품인데 중요한 사실은 이자차익이 발생해야 비과세가 의미가 있다는 점이다. 원금 이상의 수익이 없을 경우 비과세가 무슨 의미가 있겠는가? 그래서 비과세상품은 세

번째로 고려해야 한다.

나는 A씨에게 가용자금 200만 원으로 저축할 수 있는 금융포트폴리오를 다음과 같이 제안했다.

먼저 단기 재무목표에 적합한 상품으로 CMA를 권했다. A씨의 경우 현재는 무주택자지만 주택구입에 대한 재무목표가 있었다. 나는 기존 주택을 매입하기에는 종잣돈이 부족하고 새 아파트에 대한 욕구가 있는 그에게 아파트 청약을 권유했다. 청약을 하더라도 10퍼센트의 계약금은 있어야 하므로 일단 목돈을 마련하라고 말했다.

중기 상품으로는 주택청약종합저축과 ISA(개인종합자산관리계좌)를 권했다. 주택청약종합저축은 연 240만 원의 40퍼센트를 소득 공제 받으므로 A씨는 월 20만 원씩 납입하기로 했다. ISA의 경우 예·적금 및 예탁금, 펀드, ELS(파생결합증권) 등 다양한 상품을 한 바구니에서 운용하는 것이 가능하고 차익이 생기면 계좌손익을 통산해 200만 원까지 비과세 혜택을 누리는 장점이 있다.

장기 상품으로는 연금계좌(연금저축 + 퇴직연금)가 유리하다. 이 상품은 세액을 공제받는 한도가 연 700만 원이므로 월 60만 원을 불입하는 것이 좋다. A씨의 경우 퇴직연금이 DB(확정급여)형이라 IRP(개인형 퇴직연금)계좌를 통해 연 700만 원을 세액 공제받기로 했다. 그뿐 아니라 월 10만 원 한도로 세액 공제를 받는 보장성보험에 가입하기로 했다.

이처럼 저축에는 가입순서가 있는데 이는 보험도 마찬가지다. 1순위는 실손보험, 2순위는 건강보험, 3순위는 종신보험이다. 10만 원 한도 내에서 각각 가입할 수도 있고 한 상품에 가입하면서 필요로 하는 보장을 선택해도 좋다.

현재 A씨의 재무목표는 결혼자금과 주택 구입이 우선 대상이지만, 노후 대비와 최소한의 보장도 필요하다. 따라서 이 모든 것을 함께할 수 있는 시스템을 마련해야 한다. 여기에다 절세까지 가능하다면 금상첨화다.

〈현금흐름표 전후 비교〉 (단위: 원)

변경 전				변경 후			
소득		지출		소득		지출	
근로소득 (상여금포함)	300만	생활비	100만	근로소득 (상여금포함)	300만	생활비	100만
		CMA	200만			CMA	70만
						청약저축	20만
						ISA	40만
						IRP	60만
						보험	10만
총소득	300만	총지출	300만	총소득	300만	총지출	300만

알아두면 돈이 되는 꿀팁

수익률을 높여 주는 절세 상품

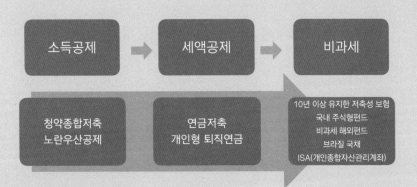

| 소득공제 | → | 세액공제 | → | 비과세 |

청약종합저축
노란우산공제

연금저축
개인형 퇴직연금

10년 이상 유지한 저축성 보험
국내 주식형펀드
비과세 해외펀드
브라질 국채
ISA(개인종합자산관리계좌)

7
주택청약종합저축

사랑하는 자녀에게 해피하우스를 선물하자

부모의 자녀 사랑은 세계 어디든 마찬가지다. 얼마 전 나는 한 TV 프로그램을 통해 이혼한 이후 자녀를 보기 위해 매년 한국을 찾는 프랑스 엄마의 사연을 접했다. 그런데 면접교섭권을 확보하지 못해 불과 1미터도 되지 않는 거리에 있는 자녀를 안아주지 못하는 모습이 매우 안타까웠다.

한국의 부모들은 보통 자신의 노후를 포기하면서까지 양육과 교육은 물론 경제적으로 자립한 이후에도 자녀의 결혼자금까지 마련해 준다. 그래도 요즘은 많이 나아졌지만 아들을 키우는 부모의 부담은 더 크다. 결혼하면 신혼집을 남자가 준비해야 한다는 전통적인 인식 때문이다.

가끔은 남녀가 함께 부담해 주택을 준비하는 커플도 있다. 그만큼 주택 준비에 들어가는 자금이 만만치 않은 탓이다. 사실 주택은 구매하든 임대하든 살아가는 데 반드시 필요한 것이므로 보여주기 위한 패물보다 마음을 모아 집 걱정 없이 살도록 주택 마련에 힘쓰는 것이 더 현명하다고 본다.

나에게도 아들이 2명 있다. 여유만 있다면 아이들에게 아파트를 한 채씩 해주고 싶은 마음이 굴뚝같지만 현실은 그리 녹록지 않다. 무엇보다 내 수입에서 아이들의 교육비가 차지하는 비중이 크다.

물고기를 잡아주기보다 물고기 잡는 법을 가르치는 것이 중요하듯, 나는 아파트를 사서 주기보다 아파트를 살 능력을 갖추도록 교육시키는 것이 더 중요하다고 생각한다. 문제는 그 교육비가 올바른 인생관이나 경제관·세계관을 가르치는 일에 쓰이는 것이 아니라 대부분 상급학교 진학을 위한 사교육비로 들어간다는 데 있다.

이것은 인생에 직접적인 도움을 주지 못한다. 이유는 학교에 가기 위한 공부와 부자가 되기 위한 공부는 다르기 때문이다. 그렇다고 현실적으로 상급학교 진학을 위한 공부를 포기할 수도 없다. 한국에서는 최저임금 계약직을 뽑더라도 대졸자를 원하지 않던가.

그럼 지금부터 부담 없이 사랑하는 자녀에게 아파트를 주는, 아니 아파트를 구입할 능력을 키우도록 해주는 방법을 알려주겠다. 이미 실천하고 있는 독자도 있을 것이다. 그것은 자녀의 이름으로 청약통장에 가입해주는 것이다.

청약통장 가입금액은 월 최소 2만 원~50만 원 이내다. 미성년 자녀에게 월 10만 원을 납입해줄 경우 10년이면 1,200만 원이 되며 증여세도 비과세다. 많은 부모가 자녀를 위해 이미 가입했을 것으로 본다.

청약통장을 개설해주면 자녀가 앞으로 거주할 주택을 구입하는 데 토대를 만들어준 셈이다. 이미 부모는 아이에게 아파트를 한 채 해준 것이나 다름없다. 그러다가 아이에게 소득이 생기면 청약통장을 주면 된다. 아마 자녀는 자연스럽게 자신의 주택을 구입하기 위한 준비를 할 것이다.

고작 청약통장 하나로 아이들의 결혼에 대한 부담을 덜었다고 생각할 수 있느냐고 항의할지도 모르지만, 그렇게 자녀의 주택 구입에 대한 부담에서 벗어나라는 것이다. 청약통장을 만들어준 것만으로도 아파트를 매입할 수 있는 방법을 가르쳐준 셈이 아닌가.

지금까지 가족을 위해 애쓰며 살아왔다면 이제 100세 인생에 대비해 풍족하게 쓸 수 있을 정도의 자산을 보유하라. 그래도 쓰고 넘친다면 자녀에게 주거나 좋은 곳에 기부해도 좋다.

상속세 절세를 위해 자녀에게 미리 주는 것도 한 방법이지만, 나는 물고기 잡는 법을 모르는 자녀에게 미리 주었더니 부모에게 물고기를 잡아 달라고 하는 자녀를 꽤 많이 보았다. 많은 재산이 때론 아이들에게 독이 될 수 있다는 것을 잊지 말아야 한다.

알아두면 돈이 되는 꿀팁

주택청약종합저축 활용법

1. 자녀마다 월 10만 원씩 납입해 준다.

2. 청약기간은 최소한 성인이 되기 2년 전부터 가입하면 좋다. 미성년자의 청약기간은 일찍 가입해도 2년까지만 인정하기 때문이다.

3. 주택청약종합저축은 2년 이상 가입시 연 1.8퍼센트의 약정이율이 적용되므로 상대적으로 다른 적금상품에 비해 금리 면에서 우수하다.

4. 자녀가 직장인이 되었을 경우 자동이체통장을 자녀 급여통장으로 변경하고 월 20만 원씩 이체하도록 한다. 연 240만 원의 40퍼센트인 96만 원까지 소득공제를 받을 수 있다.

8

주식 투자

부동산 투자의 대안, 주식

코스피 지수 상승이 예사롭지 않은 요즘이다. 마치 그동안의 횡보를 만회하려는 듯 계속 상승하고 있다. 물론 삼성전자와 하이닉스가 견인차 역할을 하는 장세이긴 하지만 작년에 비해 연말 분위기도 좋아졌다.

부동산에 대한 규제 강도가 높아지고 있는 상황에서 주식은 부동산을 대체할 수 있는 좋은 대안이다. 하지만 일반인들이 주식에 선뜻 투자하기란 쉽지 않다. 아마도 부동산, 특히 아파트는 내가 거주하고 실생활과 관련이 있다 보니 친숙한 반면, 주식은 왠지 어렵게 느껴지기 때문이다.

사실상 주식 투자에 앞서 주식의 내재가치를 평가하는 기본적 분석과 매수시기를 저울질 하는 기술적 분석이 선행되어야 한다. 일부 전문가들을 제외하곤 이러한 투자기법을 활용할 수 있는 투자자는 많지 않다. 보통 증권사 직원의 조언을 받거나 개인의 감으로 주식을 매매한다. 과정이야 어떻든 결과만 좋으면 되는데 문제는 결과가 좋지 못하다는 점에 있다.

부동산의 경우 가격이 오르면 좋고, 가격이 떨어져도 회복에 대한 강한 자신감이 있지만 주식은 다른 것 같다. 가격이 오르면 상승장을 즐겨야 하는데 참지 못해 매도를 하고, 가격이 떨어지면 불안한 마음에서 어쩔 수 없이 장기보유를 하다가 매도를 해서 손실을 본다.

아마도 인터넷에서 실시간 제공되는 시세는 가격이 오르든 내리든 개인투자자의 조바심을 자극하기 때문일 것이다. 특히 성격이 급한 한국인들에게 있어 주식은 맞지 않는 투자대상인 것 같다.

그래도 주식을 하겠다면 접근방식을 달리해야 한다. 주식을 통해 당장의 수익보다는 그 회사의 주인이 된다는 심정으로 많은 관심과 애정을 가지고 출자한 자본에 대한 대가로 배당수익을 받는 것이 맞다고 생각한다.

주식을 통한 수익은 매매차익이 아닌 배당수익을 기본으로 해야 장기투자가 된다. 당연히 주식 매수대금은 장기간 활용할 수 있는 자금으로 해야 한다. 그래서 주식 투자는 대출을 이용하면 안 된다. 대출금으로 투자를 하면 마음이 급해지고 장기투자를 할 수 없다. 주식 투자에 대한 접근방식이 확립 되었다면 종목을 선택해야 한다. 평생을 같이 할 기업을 찾는 것이다. 지금은 4차 산업시대이고 이 혁명은 21세기를 주도할 것이다. 그렇다면 지능과 정보를 융합하는 4차 산업을 대표하는 기업들은 어떤 기업들이 있을까?

세계 1위의 메모리반도체 시장점유율을 자랑하는 삼성전자를 손꼽을 수 있다. 삼성전자가 생산하는 반도체는 자율 주행차, 로봇 등 4차 산업 모든 분야에 활용되는 핵심기술이다. 4차 산업이 진행 중인 이 시점에서 삼성전자의 주가는 계속 상승할 여력이 충분하다.

나는 이 책을 통해 목돈마련의 방법으로 예금풍차를 추천하였다. 예금풍차는 투자를 하기 위한 목돈마련에 주안점을 두었다. 마련된 목돈은 투자를 위해 쓰인다. 만약 투자의 최종 목적지가 주식이라면 한 달에 1주씩 삼성전자 주식을 사는 것은 어떨까?

20년 전부터 월급으로 꾸준히 삼성전자 주식을 매달 1주씩 구입한 사람이 있었다면, 20년 전 주가는 40,000원이지만 지금은 2,500,000원이고 20년이면 240주를 보유했을 것이다. 2,500,000원 × 240주 = 600,000,000원이 된다.

여러분도 오늘부터 삼성전자의 주주가 되는 것이다. 주주가 된다면 회사가 어떻게 운영되는지에 대한 관심은 늦추지 말아야 한다. 그리고 회사의 미래가 불투명하게 여겨진다면 다른 회사의 주인이 되면 된다.

알아두면 돈이 되는 꿀팁

우리사주조합 출연금 소득공제

우리사주조합은 기업의 종업원이 자기 회사의 주식을 취득, 관리하기 위하여 조직한 조합으로 우리사주조합을 통해 자사 주식을 취득하면 취득금액의 400만 원까지 소득공제가 가능하다. 다만, 향후 매각까지의 보유 기간에 따라 소득공제를 받은 금액이 다시 소득에 합산되며, 합산되는 금액은 보유 기간 3년 이내 100퍼센트, 5년 이내 50퍼센트, 5년 초과 25퍼센트이다.

예를 들어, 우리사주 취득 후 3년 이내 매각하면 소득공제 받은 400만 원이 매각한 그 해의 소득으로 귀속된다. 또한, 취득 후 1년은 의무 예탁기간이므로 매매가 불가하다.

우리사주 취득은 소득공제를 받을 수 있는 좋은 수단이지만 향후 주가 하락이 예상되거나 5년 이상의 장기보유가 아니라면 실효성이 떨어진다. 그러나 현 수준이상의 주가를 유지하면서 5년 이상의 장기보유가 가능하다면 우리사주조합을 통한 주식 취득을 권유한다. 그 이유는 확정수익이 발생하기 때문이다.

예를 들어 나의 소득세율이 24퍼센트라면 소득공제 받는 400만 원의 24퍼센트인 약 100만 원의 세금을 덜 내기 때문에 연 24퍼센트의 수익이 확정된다. 같은 주식투자라도 우리사주조합을 통한 주식 취득은 소득공제를 받을 수 있고, 보유기간동안 배당도 받을 수 있으며, 매각 차익이 있다면 양도소득도 발생하니 일석삼조의 효과가 아닐 수 없다.

9

노란우산공제

사업자는 되고, 근로자는 안 되는 안전 우산

2017년 국정감사를 통해 노란우산공제가 언론의 관심을 받은 적이 있다. 요약하면 중소기업중앙회는 1년 이상 노란우산공제 납부금이 연체하면 계약을 해지할 수 있고, 계약자에게 해지환급금을 지급하도록 규정하고 있었다.

그러나 중앙회는 계약자가 해지 신청을 하면 환급금을 지급하고, 납부금 장기연체에 의한 해지사유에 대해서는 260억 원 규모의 환급금을 지급하지 않았다. 이에 중앙회는 계약의 해지보다는 미납 안내를 통해 연체해소를 추진하고 있다고 해명했지만, 계약자의 요청이 없으면 환급금을 지급하지 않으려고 했다는 의심을 받고 있다.

이러한 사회적 이슈에도 불구하고 사업자는 폐업, 노령, 사망 등의 위험으로부터 생활안정 및 사업 재기의 기회를 제공받고 소득세 절세 수단으로 노란우산공제를 적극 활용해야 한다. 사실, 개인사업자가 절세할 수 있는 방법은 흔치 않기 때문이다.

노란우산공제는 사업자만 가입할 수 있는 제도인가?

그렇지 않다. 근로소득자도 가능하다. 다만, 사업자등록증을 소지하고 있는 근로소득자여야 한다. 직장에 다니면서 개인사업자, 부동산임대사업자, 법인사업자 등 모든 업종의 사업자를 겸하면 근로소득자도 다음해 5월 종합소득 신고시 소득공제를 받을 수 있다.

공제금은 사업자의 폐업 또는 해산, 사망, 법인대표의 질병 또는 부상으로 인한 퇴임, 만 60세 이상으로 10년 이상의 가입자가 청구시 지급된다. 지급방법은 일시금으로 지급되는 것이 원칙이나 공제금이 1천만 원 이상이고, 60세 이상일 경우 연금처럼 분할로 수령이 가능하다. 노란우산공제는 퇴직금이 없는 개인사업자에게 퇴직금과 같은 역할을 해주고 있다.

납부금의 부리 이율은 기준공시이율 2.1퍼센트에 가산금리 0.3퍼센트 적용되어 2.4퍼센트로 운용되고 있다. 예금담보대출이나 보험의 약관대출처럼 납부금액 한도 내에서 대출도 가능하며, 이자는 2017년 기준 연 3.4~3.9퍼센트 수준이다. 금리면에서도 경쟁력이 있다고 볼 수 있다.

고객 중의 한 분은 페이닥터(급여받는 의사)이자 부동산임대사업자로 노란우산공제를 가입하고 있었는데 은행원의 권유로 월 100만 원씩 납입하고 있었다. 고객님의 사업소득금액이 1억 원을 초과하여 연 200만 원 소득공제가 가능하기 때문에 필자는 소득공제 범위 내에서 월 20만 원(정확하게는 200만 원/12개월=166,666원) 가입을 권유하고 나머지 가용자금은 다른 금융상품으로 대체한 바 있다.

사업소득금액 /근로소득금액	공제한도
4천만 원 이하	500만 원
4천만 원~1억 원	300만 원
1억 원 초과	200만 원

투자는 위험을 동반하고 수익이 높으면 위험도 높아진다. 예적금은 확정된 수익을 기대할 수 있지만 그 효과는 미미하다. 확정된 고수익을 창출하려면 기본이 절세다. 절세를 기반으로 하지 않는 투자는 기본에 충실하지 못하다. 절세는 누구나 요건을 갖추면 100퍼센트 적용되기 때문이다.

알아두면 돈이 되는 꿀팁

노란우산공제의 유용성

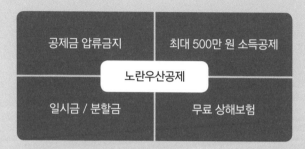

1. 채권자의 압류로부터 보호

공제금은 법에 의해 압류가 금지되므로 폐업의 경우에도 안전하게 생활안정자금이나 사업 재기를 위한 자금으로 활용할 수 있다.

2. 연간 최대 500만 원 소득공제

사업소득금액 및 근로소득금액에 따라 최대 500만 원까지 소득공제가 가능하다.

3. 일시/분할금으로 자금 마련

공제금은 일시금이 원칙이나 연금처럼 분할해서 수령이 가능하다.

4. 무료 상해보험 가입

상해로 인한 사망 및 후유장해 발생시 가입 후 2년간 최고 월부금의 최대 150배까지 보험금 수령이 가능하다.

10

연금계좌(퇴직연금 + 연금저축)

국민연금을 보완하는 또 하나의 연금

　얼마 전 한 케이블TV에서 영화배우 신하균 주연의 '더 게임'이란 영화를 보았다. 게임을 통해 돈 많은 노인이 젊은이의 몸을 빌려 사는 내용으로 수명과 관련 되어 재미있게 보았다.

　사람의 수명은 얼마나 될 것으로 생각하는가? 이미 100세 인생은 흔한 말이 되었고 120세, 150세, 영원불멸까지 나오고 있다. 영원불멸은 영화의 내용처럼 건강한 몸에 나의 뇌를 옮겨 살면 불멸한다는 것이다.

　과학의 진화가 어디까지 될지 모르지만 수명은 계속적으로 늘어날 것으로 기대된다. 오히려 장수가 축복받지 못하고 리스크가 되어버린 시대를 우린 이미 살고 있다. 나이가 차면 돈 쓸 일이 없다고 하지만 건강한 노후를 보내려면 의료비도 만만치 않다.

노후준비가 안 된 노인들을 누가 책임질 것인가? 당연히 자식들이 부모를 돌봐야 하지만 본인들의 삶도 팍팍하다 보니 제대로 부양하지 못하고 결국, 정부의 몫이 된다.

노후를 위한 준비로 국가에서는 국민연금을 가입시키고 있다. 하지만 국민연금 만으로는 노후를 안심할 수 없다. 국민연금의 부족분은 사적연금인 퇴직연금과 연금저축으로 준비할 수 있다.

국민연금은 공적연금으로 강제성을 부여할 수 있으나, 사적연금을 국가가 강제할 수는 없다. 그러다 보니 퇴직연금과 연금저축에 세제혜택을 제공하고 가입을 독려하고 있다.

흔히 말하는 3층연금제도는 바로 1층 공적연금인 국민연금, 2층 기업연금인 퇴직연금, 3층 개인연금인 연금저축을 말한다. 국가의 적극적인 장려로 국민연금은 납입금액 전액을 소득공제 해주고, 퇴직연금과 연금저축은 소득에 따라 달리 세액공제를 해준다.

세제혜택으로 무조건 많이 불입하는 고객이 있는데, 세제혜택 범위 내에서 가입을 권유하고 가용자금은 다른 투자 대안 처에 투입하는 것이 좋다. 연금계좌는 정부의 의도가 있어도 가입자 입장에서는 절세를 통한 확정수익이 보장되므로 투자가치가 있다고 본다.

개인연금

퇴직연금

국민연금

물론 3층 연금을 확보했다고 해서 노후가 보장되는 것은 아니다. 최소한의 안정장치를 마련했다고 보는 것이 바람직하다.

연금재원을 더 확보하고 싶다면 보험회사의 비과세 연금보험을 이용할 수 있다. 연금보험으로 비과세 혜택을 받으려면 1인당 월 150만 원 한도 내에서 가입이 가능하다. 과거에는 보험가입 건수나 보험료에 상관없이 비과세를 해주었지만 부자감세라는 의견과 금융기관간의 형평성 문제를 제기하며 2017년 4월1일부터 세법이 개정되었다.

투자를 통해 큰돈을 벌기란 쉬운 일이 아니다. 그만큼 노력과 자금이 필요하다. 소소하다 생각할지 모르지만 원래 부자란 돈 10원도 아끼는 섬세함이 필요하다. 기본에 충실한 확실한 투자는 절세혜택을 누리는 것이다.

알아두면 돈이 되는 꿀팁

연금계좌(퇴직연금+연금저축) 활용법

연간 소득구간		세액공제한도(단위:만 원)			세액공제율
총급여(근로자)	종합소득금액	연금저축	DC/IRP	전체	
5천5백만 원 이하	4천만 원 이하	400	700	700	16.5%
1억2천만 원 이하	1억 원 이하	400	700	700	13.2%
1억2천만 원 초과	1억 원 초과	300	700	700	13.2%

1. 퇴직연금이 확정기여형(DC형)인 경우

많은 중소기업이 퇴직연금을 DC형으로 운용한다. DC형 가입자는 추가납입을 700만 원 하면 세액공제를 100퍼센트 받을 수 있다.

2. 퇴직연금이 확정급여형(DB형)인 경우

개인퇴직계좌(IRP)를 개설하여 연 700만 원을 불입하면 세액공제를 100퍼센트 받을 수 있다.

3. 퇴직연금이 없는 경우

2017년 7월 26일부터 근로자, 자영업자, 공무원, 사립학교교직원, 군인, 별정우체국직원 등은 개인형 퇴직계좌(IRP)에 가입하여 연 700만 원의 세액공제를 받을 수 있다.

4. 연금저축 기가입자인 경우

연금저축은 소득에 따라 한도가 정해지므로 나머지는 퇴직연금 DC형이나 IRP에 불입해서 총 납입금액을 700만 원에 맞춘다.

4장

부자 불변의 법칙

부자들에게는
그들만의 황금 레시피가 있다

1

100세에 은퇴할 각오를 다져라

인생 이모작 터닝 포인트를 찾되
각종 퇴직제도에 주목하라

해마다 봄이 되면 야구를 좋아하는 사람들은 프로야구 개막을 고대하며 들뜬 마음을 달랜다. 물론 야구를 열심히 응원한다고 내게 무언가가 떨어지는 것은 아니지만, 그저 선수들이 열심히 뛰고 내가 응원하는 팀이 승리하는 것만 봐도 온갖 스트레스가 날아가는 듯한 기분이 든다.

대한민국 일등 스포츠인 야구는 투수놀음이라는 말이 있다. 이는 투수의 역할에 따라 승패가 갈리는 경우가 많기 때문이다. 투수는 보통 5회까지 이기면 승리투수 요건을 갖춘다. 6회까지 3점 이내로 점수를 내줄 경우 퀄리티 스타트(Quality Start)라 하여 선발투수로서 제 역할을 충실히 했다고 본다. 한 투수가 9회까지 던지면 완투, 점수를 잃지 않고 9회까지 던져 이기면 완봉승이라고 한다.

내가 느닷없이 야구 이야기를 꺼낸 이유는 각 가정에서 투수처럼 중요한 역할을 하는 사람이 가장이라는 것을 강조하기 위해서다. 더욱이 지금은 100세 시대로 가장의 역할이 더욱더 중요해지고 있다.

인생을 야구에 비유하자면 가장이 5회까지, 즉 50대까지 소득을 올릴 경우 가장으로서 제 역할을 다한 것이라고 볼 수 있다. 반면 40대 이전부터 소득이 단절되면 제 역할을 하지 못한 선발투수처럼 가장으로서의 역할에 모자람이 있는 것이다.

6회까지 즉, 60대까지 소득이 있을 경우 퀄리티 스타트로 불릴 만큼 가장으로서 경제적인 역할을 잘했다고 할 수 있다. 더 나아가 6회를 넘어 90대인 9회까지 소득을 올리면 선발투수가 한 게임을 마무리하듯 가장의 역할은 물론 한 집안의 어른으로서 자기 역할을 훌륭히 해낸 셈이다.

그러나 자신이 직접 일을 해서 90대까지 소득을 창출하기는 어려우므로 사업체나 부동산 임대소득 등 시스템을 활용해야 한다. 나이가 들면서 어른 대접을 받으려면 말수는 줄이고 베푸는 것은 늘려야 한다. 그런 만큼 나이가 많을수록 경제력이 더 중요해진다.

아이를 많이 낳지 않아 가정에 한 둘뿐인 요즘 아이들은 흔히 '식스 포켓(Six Pocket)'의 지원을 받는다고 한다. 이 말은 부모, 조부모, 외조부모를 합해 여섯 개의 주머니에서 나온 돈으로 경제적 지원을 받는다는 뜻이다. 집집마다 아이가 한 둘에 불과해 귀한 만큼 더 주고 싶은 마음이 드는 것은 당연하다. 그렇다 하더라도 무엇이 있어야 줄 것 아닌가! 은퇴를 앞둔 대한민국의 모든 가장은 우선 자신의 노후를 대비하고, 남에게 베풀 재력을 준비해야 한다. 그래도 남는다면 자녀에게 주거나 좋은 일에 쓸 수 있을 것이다.

동물원의 사자는 매일 일정 시간이 되면 사육사가 던져주는 먹이로 연명한다. 비록 겉모습은 사자지만 야생성이 사라져버린 허약한 상태는 우리가 알고 있는 동물의 제왕다운 모습이 결코 아니다. 매달 월급을 받는 우리도 야생성을 잃어버린 사자와 같지 않은가. 꼬박꼬박 주어지는 월급에 감사하며 여기에 길들여지다 보면 우리도 동물원 안의 사자처럼 그저 연명하느라 바쁠지도 모른다.

그러다 나이를 먹고 병이 들면 동물은 퇴출된다. 때가 되면 직장에서 떠나야 하는 우리처럼 말이다. 이것이 당연한 자연의 순리임에도 불구하고 우리는 가끔 그 사실을 망각한다. 그리고 매달 주어지는 먹이에 취해 하루하루를 그럭저럭 보낸다. 예상치 못한 순간에 퇴직을 맞이해 당황하지 않으려면 지금부터라도 준비를 해야 한다.

과거처럼 생존기간이 길지 않던 시절에는 직장에 최대한 머무르는 것도 한 가지 대안이었다. 그러나 이미 100세 시대의 문은 열렸다. 아무런 준비 없이 장수 시대를 맞이하면 그것은 재앙이나 다름없다.

젊음을 바치는 소득기간도 필요하지만 노년을 위한 소득기간도 필요하다. 반드시 인생 후반전을 위한 준비가 필요한 것이다.

알아두면 돈이 되는 꿀팁

인생 이모작 터닝 포인트

근로소득자는 언젠가 퇴직이라는 종착점에 도달한다. 이것은 부인할 수 없는 사실이므로 그 시기를 스스로 조절하기 위한 대안이 필요하다. 스스로 퇴직 시기를 정하려면 제2의 소득을 올릴 준비를 해야 하며 그것은 빠르면 빠를수록 좋다.

회사에 따라 다소 차이는 있지만 입사 15년차가 되면 퇴직 시 퇴직금은 물론 명예퇴직에 따른 보상금도 지급한다. 또한 보통 3년치 기본급을 추가로 지급하는 상시퇴직제도도 있고 55세가 되면 임금피크제를 실시해 퇴직보상금을 지급하기도 한다. 만약 임금피크제를 실시하는 시기까지 준비하지 못했다면 줄어든 임금을 수령하면서 퇴직 이후를 준비할 수 있다.

정리하자면 퇴직금은 물론 보상금까지 수령할 수 있는 상시퇴직제도와 임금피크제 그리고 정년퇴직 시점에 주목해야 한다. 물론 그 시기가 오기 전에 좋은 기회가 온다면 그때가 인생 이모작의 터닝 포인트(Turning Point)일 것이다.

임금피크제란?

근로자의 계속 고용을 위해 일정 연령을 기준으로 임금을 조정하고 일정 기간의 고용을 보장하는 제도

1. 정년 보장형 : 현재의 정년을 보장하되 정년 이전 시점부터 임금을 조정

2. 정년 연장형 : 현재의 정년을 연장하는 조건으로 정년 이전부터 임금을 조정

3. 고용 연장형 : 정년퇴직자를 계약직으로 재고용하되 이전부터임금을 조정

2

대중교통을 통해 사회와 소통하라

혼자만의 시간을 즐겨라

요즘 베스트셀러 중 한 권인 《혼자 있는 시간의 힘》에서 사이토 다카시는 혼자 있는 시간의 중요성을 설파하며 그 시간을 즐기라고 말한다. 예전에 나는 리틀 야구를 하는 둘째아이의 동계훈련을 보러 혼자 부산에 내려갔다. 사정상 혼자 내려갈 수밖에 없었는데 아들을 볼 수 있다는 생각에 마음이 설레기도 했지만, 혼자 가려니 4시간 내내 지루했다. 결혼 이후 내가 가족이나 단체가 아닌 혼자 하는 여행은 놀랍지만 그때가 처음이었다. 아이를 만나고 숙소에 돌아오니 내가 혼자라는 것이 더욱더 실감이 났다. 그런데 이게 웬일인가. 잠자리에 들기 전 홀로 TV를 보다 보니 그 자유로움과 편안함에 은근히 행복감이 밀려오는 것이 아닌가. 다른 때 같으면 여행을 가서 아이들

잠자리를 챙기거나 친구들과 술을 한 잔 기울이느라 바빴을 그 시간에 혼자서 멍하니 TV를 보고 있자니 말로 표현하기 힘든 좋은 느낌이 몸을 휘감았다.

어느 연예인 부부는 같이 여행을 가지만 여행지에서는 각각 자신이 가고 싶은 곳을 구경한 뒤 다시 숙소에서 만나 저녁을 함께 먹는다고 한다. 그 얘기를 들었을 때는 그냥 연예인이라 보통사람과 다른가 보다 싶었는데 혼자 있다 보니 그 심정이 이해가 갔다. 그 부부는 이미 홀로 하는 여행의 묘미를 알고 있었던 것이다.

나는 여행을 할 때 거의 계획을 세우지 않는다. 더구나 가족은 물론 짐까지 챙겨야 하는 상황이라 국내여행은 오로지 자가용만 이용한다. 이런 편향된 습관으로 인해 아이들은 아직 KTX 근처에도 가보지 못했다. 내가 늘 사람이든 짐이든 몽땅 차에 싣고 길을 나선 까닭에 아이들이 다른 교통편에 몸을 실을 일이 거의 없었던 것이다.

이번에는 혼자만의 여행이라 교통편을 직접 선택하는 재미도 있었다. 나는 집에서 교통편까지의 거리를 고려해 버스와 KTX 중 하나를 선택하기로 했다. 일단 교통비는 KTX가 두 배 가까이 더 비쌌다. 소요시간은 KTX가 2시간 더 빨랐는데 집에서 이동하는 시간까지 고려하면 1시간 30분이 빨랐다.

그러나 편안함을 생각하면 단연 누워서 편안히 갈 수 있는 고속버스가 나았다. 결국 나는 집에서 버스터미널이 가깝고 또 무엇보다 승차 시의 편안함을 우선시해 버스를 선택했다. 다음 날 서울로 돌아올

때는 생애 처음으로 KTX를 이용했다. 전에 좌석이 좁아 불편했다는 얘기를 언뜻 들었는데 생각보다 편안했다. 버스처럼 누워서 쉴 수는 없었지만 버스에 비해 아주 빨라서 2시간 30분이 전혀 지루하게 느껴지지 않았다.

사람은 새로운 경험을 통해 한층 더 성장하는 법이다. 특히 홀로 여행할 때는 자가용 대신 이런저런 교통수단을 이용해 여행에 색다른 멋을 더하는 것도 좋다. 분명 자유로움은 물론 사람들과 함께하는 재미를 느낄 수 있을 것이다.

아무리 대도시에서 근무할지라도 내 몸을 부지런히 움직일 마음만 있으면 얼마든지 건강을 유지하고 돈도 절약할 수 있다. 사실 대중교통망이 거미줄처럼 촘촘히 연결된 도시에서 대중교통을 이용하면 차가 막히지 않아 시간적 여유도 생긴다. 여기에다 주차를 하느라 전쟁을 치를 필요가 없고 좀 더 걷게 되면서 하체가 튼튼해지며, 기름값과 주차비를 절약할 수 있다. 자가용에서 벗어나면 자유, 건강, 돈을 한꺼번에 챙길 수 있다는 얘기다.

그것을 아껴서 부자가 되겠느냐고? 진정한 부자는 적은 돈도 심하다 싶을 만큼 아낀다. 실제로 나는 상담을 하면서 자린고비 반열에 세워도 무색하지 않을 정도로 절약이 몸에 밴 부자들을 많이 만났다. 그러니 부자가 될 수밖에 없지 않겠는가. 독자 여러분도 대중교통을 이용함으로써 돈을 떠나 건강은 물론 사람과 함께하는 재미를 느껴보기 바란다.

알아두면 돈이 되는 꿀팁

대중교통 내비게이션

목적지의 이동경로를 알지 못할 때 우리는 보통 내비게이션을 이용한다. 요즘에는 대중교통을 이용할 때도 내비게이션 역할을 하는 앱이 있다. 그것은 바로 'T-map 대중교통'이다.

이 앱을 통해 내가 가려는 목적지를 입력하면 이동시간을 고려한 추천 경로와 이용 수단(버스, 지하철 등) 정보를 제공받는다. 특히 대도시에서는 대중교통을 이용하는 것이 시간과 돈, 건강을 챙기는 데 보다 유리하다.

3

10년을 구르면 성공에 더욱 가까워진다

1만 시간의 법칙 = 10년 법칙 = 아웃라이어 = 달인

언젠가 〈생활의 달인〉이라는 TV 프로그램을 보면서 입이 떡 벌어졌던 기억이 난다. 이 프로는 전국을 뒤져 어느 한 분야에서 달인이 된 사람들을 찾아가 그들의 실력을 확인하는 프로그램이다. 아무튼 달인들의 현란한 기술을 보고 있으면 그저 신기하다는 말밖에 나오지 않았다. 프로그램을 진행하던 중에 PD는 항상 이 질문을 빼놓지 않았다.

"이 일을 얼마나 하셨나요?"

그러면 달인들은 약속이라도 한 듯 10년 넘게 그 일을 해왔다고 답변했다. 이번에 소개하는 부자 역시 산전수전에다 공중전까지 겪으며 물류업의 달인이 된 김 사장님이다.

사정상 대학에 진학하지 못한 김 사장님은 마땅한 일자리를 찾기가 어려워 공사장에서 일하기 시작했다. 닥치는 대로 이런저런 육체노동을 한 끝에 종잣돈이 모이자 그는 사업 쪽으로 눈을 돌렸다. 마침 눈에 들어온 것이 유통 관련 사업이었는데 이런 경우 대개는 사기부터 당한다.

아니나 다를까 김 사장님도 사기로 모든 재산을 털리는 것도 모자라 빚까지 떠안는 바람에 신용불량자로 전락했다. 삶의 의욕을 잃은 채 모든 것을 포기하고 자살하려 할 때, 지인의 소개로 중국에 있는 물류업체에 취직할 기회를 얻었다. 학벌도 부족하고 취업도 힘든 상황이라 한국에서는 이미 끝난 인생이나 다름없었으므로 김 사장님은 하늘이 준 마지막 기회라 생각하고 성공을 다짐하며 중국으로 향했다.

10년 간 배수진을 치고 오로지 일만 하다 보니 실력은 일취월장했다. 여기에다 덤으로 중국어 능통자가 되면서 통역 없이도 스스로 사업을 시작할 기회가 찾아왔다. 처음에는 단순히 물건을 배송해주는 단계에 그쳤지만 한류라는 트렌드(Trend)를 고려해 직접 서울 동대문시장 옷을 중국으로 수입해 유통도매로 사업을 확장했다. 그렇게 10년 간 한 우물을 판 그는 어느새 중국 유통시장 달인으로 거듭났다. 지금은 영어를 익히면서 글로벌 사업으로 확장하려는 비전을 품고 있다.

김 사장님은 어찌나 쓰리고 아팠던 경험이 많은지 더 이상 잃을 것이 없다고 말했다. 설령 지금 잘되고 있는 사업에서 실패를 하더라도 무서울 것이 없단다. 그만큼 다시 일어설 자신감과 내공이 엄청나게 쌓였기 때문이다. 10년이라는 세월 속에서 실패와 성공을 반복하며 온갖 경험을 한 덕분에 돈이 없어도 아이디어와 열정으로 충분히 다시 일어설 수 있다는 얘기다. 나를 만나면 그는 입버릇처럼 말했다.

"사회에 나와 별의별 고생을 다 했다. 그 고생을 하면서 학교에 다닐 때 공부하지 않은 것을 뼈저리게 후회했다. 친구들이 번듯한 직장을 잡아 결혼해서 아이 낳고 안정적으로 사는 걸 무척 부러워했는데, 지금은 그 친구들이 나를 부러워한다. 알고 보니 안정적으로 사는 것이 아니라 무척 빡빡하게 살고 있더라. 나도 공부를 했다면 세상과 타협하며 살고 있겠지."

세상과 타협하다 보면 자신의 주머니 속 송곳이 절대 세상 밖으로 튀어나오지 못한다. 주머니에 넣어둔 송곳의 예리함을 표출하려면 실패와 성공 속에 자신을 송두리째 던져보아야 한다. 그렇게 10년을 구르다 보면 만인이 자신을 '전·문·가' 혹은 '달·인'이라 부르는 순간을 맞이할 것이다.

고사성어 '독서백편의자현(讀書百遍義自見: 어려운 책도 백 번 반복해서 읽으면 저절로 그 뜻을 알게 된다)'의 주인공 동우(董遇)처럼 설령 모를지라도 자신의 호기심과 열정이 머무르는 일에 끊임없이 도전하면 저절로 그 원리와 이치를 깨달을 수 있다.

알아두면 돈이 되는 꿀팁

돈에 대한 부자의 생각

'부를 향한 경주(Run For Wealth)'라는 블로그를 운영하는 페테니 쿠즈와요(Peteni Kuzwayo)의 '모든 백만장자의 돈에 대한 독특한 생각'을 참조하면 아래와 같다.

- 돈은 올바로 쓰기만 하면 모든 선의 근원이다.
  돈은 문제를 해결해 주고 다른 사람들을 도와줄 힘을 준다.

- 저축의 미덕을 무시할 순 없지만 돈을 버는 능력이 저축보다 더 중요하다.

- 수익과 위험의 접점을 찾아 자금을 운용해야 한다.
  돈을 안전하게만 관리하는 것도 문제지만, 돈을 위험한 곳에 베팅하는 것은 더 어리석다.

- 부자는 학교 교육보다 경험을 더 중요시한다.
  그래도 부자들이 학벌을 중요시하는 이유는 네트워크 때문이다.

- 돈이 없어도 아이디어와 레버리지를 이용하면 돈을 벌 수 있다.
  그럼에도 불구하고 종잣돈은 원활한 사업 운영의 원천이다.

4

읽어라, 돈줄이 보인다

제비가 땅 위를 날 때
우산이 잘 팔린다는 사실을 기억하라

프랑스의 계몽주의 사상가 볼테르(Voltaire)는 "세상은 당신이 생각하는 것보다 훨씬 더 넓다. 그 세계는 책이 움직인다."라고 역설했다.

대다수가 농사를 짓던 시절에는 배부르고 등 따시면 만사가 행복했다. 삶이 복잡해지고 지식과 정보로 가득한 21세기에는 먹고사는 문제가 그때처럼 간단하지 않다. 물론 지식을 소유하면 먹고사는 데 지장이 없던 시절도 있었지만, 요즘은 지식과 정보에 자기만의 해석을 융합해 새로운 가치를 창출해야 하는 시대다. 이런 사회에 살고 있다 보니 우리의 후손은 어떻게 먹고살지 걱정이 앞선다. 아무튼 독자들이 "너나 잘 하세요."라고 말하는 것 같아 넋두리는 여기까지만 하련다.

이번에 소개할 부자는 독서를 통해 부를 축적한 경우다.

좀 더 구체적으로 말하자면 경제신문의 정보를 토대로 사업 아이템을 설정해 '대박'을 터뜨린 사례다.

길을 걷다 보면 가로수 뿌리로 인해 인도의 블록이 파손되지 않도록 철판 보호덮개를 설치한 경우를 흔히 볼 수 있다.

최 대표님은 그 철판 보호덮개 시설을 공사하던 초창기에 제품을 제조·납품해 부를 축적했다. 당시 최 대표님이 읽은 기사는 '자동차 증가로 대기오염이 심해지자 그 피해를 줄이기 위해 도로에 가로수를 심는다'라는 내용이었다. 자동차 증가에 따른 공기오염을 막기 위해 정부나 지방자치단체가 도로 가에 가로수 심기를 추진한다는 기사 내용이 철판 보호덮개라는 사업 아이템으로 연결된 것이다. 이런 신기를 부릴 만큼 내공이 있다니 부럽기 그지없다. 가로수와 철판 보호덮개 사이에는 가로수 뿌리가 보도블록을 파손할 것이라는 추론적 정보 해석이 들어 있다. 이 얼마나 놀라운 일인가.

최 대표님이 천재인 걸까, 아니면 누군가에게 고급 정보를 입수한 것일까? 결론부터 말하자면 그는 천재도 아니고 로비를 해서 정보를 수집하는 사람도 아니다. 이 추론적 정보 해석 능력은 단지 하나의 습관에서 출발한 것이다.

최 대표님은 하루 일과를 신문 읽기로 시작해서 신문 읽기로 마무리한다. 아침에는 경제신문의 헤드라인을 중심으로 핵심 이슈만 기억하는 정도로 읽고, 하루 일과를 마친 저녁에는 기사들을 정독한다. 이것이 반복되면서 하나의 습관이 되었고 그 습관은 '돈의 흐름'을 짚어내는 시너지 효과를 냈다.

물론 신문을 처음 읽을 때는 검은색은 글자요, 흰색은 종이라는 생각밖에 들지 않았단다. 사실 신문을 처음 읽다 보면 사실만 기록한 기사도 그 자체마저 이해하기 힘들 때가 많다. 그런데 모든 일이 그렇듯 신문 읽기를 지속적으로 하다 보니 사실 관계를 해석하는 힘이 생기기 시작했다. 독해력 향상은 미래를 예측하는 힘으로 이어졌고 서서히 돈의 흐름이 보이기 시작했다.

가로수 심기라는 정보 너머에 숨어 보이지 않던 철판 보호덮개가 탄생한 이유가 여기에 있다. 최 대표님은 곧바로 발명품을 특허 등록했다. 이어 사업 준비를 마친 최 대표님은 모든 관공서에 사업기획서를 제출했고 결국 대박을 터뜨렸다.

이것은 하나의 정보가 어떤 가치를 발휘하는지 보여주는 좋은 사례다. 사업가는 대부분 미래에 대해 관심이 많다. 좀 더 구체적으로 말하면 시대적 흐름에 따른 사업 아이템에 관심이 많다. 수면 위에 떠 있는 백조는 여유롭고 굉장히 우아해 보이지만 사실 수면 밑에서는 두 발을 엄청나게 움직인다. 마찬가지로 사업가는 한가롭게 골프를 치는 것 같지만 머릿속으로는 다음 사업을 구상하느라 아주 치열하게 생각을 한다. 그래서 그런지 사업가 중에서 신문 읽기를 등한시하거나 독서를 하지 않는 사람은 거의 없다.

"세상은 당신이 생각하는 것보다 훨씬 더 넓다. 그 세계는 책이 움직인다."라는 볼테르의 말을 한 번쯤 새겨봤으면 좋겠다.

알아두면 돈이 되는 꿀팁

경제신문 읽는 법

나 역시 신문 읽기에 내 목숨이 걸려 있기라도 한 것처럼 열심히 읽는다. 내가 하는 일이 금융 쪽과 관련된 터라 경제신문을 읽고 직접 문의를 하는 경우가 아주 많다. 그렇게 오랜 시간이 흐르다 보니 내 나름대로 경제신문을 읽는 요령이 생겼는데 여기에 그것을 공유하고자 한다.

경제신문은 정치적 색깔이 짙지 않으므로 돈과 시간이 허락된다면 한두 개쯤 구독하길 권한다. 아침에는 헤드라인 위주로 읽고 저녁에는 일부러 시간을 투자해서 정독했으면 한다. 관심이 가는 분야가 있다면 스크랩을 해도 좋다.

무엇보다 기사의 팩트(Fact)로 시작해 행간을 읽는 힘을 길러야 한다. 처음에는 어려울 수도 있지만 읽는 패턴이 생기면 스스로 원치 않아도 행간을 읽는 능력이 생긴다. 이때부터 진정 경제신문을 통해 돈의 흐름을 찾아낼 수 있다.

5

성실함이 무기다

행복은 성적순이 아니다.
행복한 성공도 학벌 순이 아니다

영국의 물리학자 아이작 뉴턴(Isaac Newton)이 만유인력의 법칙을 발견하도록 도와준 사람이 있다는 사실을 알고 있는가. 사실은 만유인력의 법칙이 탄생하기까지 여러 가지 공식을 제공하고 그 이론에 더 깊이 있게 파고들도록 돕는 것을 넘어 뉴턴이 책을 출판하도록 해준 이가 있었다.

'재주는 곰이 부리고 돈은 되놈이 받는다'더니 이것이 그런 경우가 아닐까. 뉴턴의 친구로 헬리 혜성을 발견한 천문학자 에드먼드 헬리(Edmond Halley)를 아는가? 이 사람이 없었다면 과학 역사에 한 획을 그을 만큼 유명해진 뉴턴의 존재는 상상조차 할 수 없을 것이다. 이처럼 위대한 인물의 배후에는 언제나 그를 도와주는 인물이 있게 마련이다.

지금 소개할 부자에게도 뉴턴과 마찬가지로 배후에 헬리 같은 존재가 있었다. 이 사장님을 뉴턴의 경우와 비교하는 것은 어불성설일지도 모르지만 부자가 되려면 누군가의 도움이 필요하다는 것을 알리기 위해 언급한 것이므로 오해가 없길 바란다.

이 사장님은 고등학교 시절부터 공부와 담을 쌓고 지냈다고 한다. 공부도 하나의 기술인데 공부기술은 그와 맞지 않은 셈이다. 기술이 부족한 걸 어쩌랴. 공부기술로 가야 하는 대학에 이 사장님은 발을 들여놓지 못했다. 대학 졸업 대신 군복무를 먼저 해결한 이 사장님은 학력 부족으로 번듯한 직장을 잡지 못하고 친인척의 도움으로 동대문 시장에 입성했다.

공부기술이 없어서 장사기술이라도 익힐 요량으로 시작한 직장 생활은 의류 도·소매업 사장을 보조하는 일이었다. 요즘 같은 시대에 순진무구하게 '직업에는 귀천이 없다'는 말을 믿는 사람이 있을까 싶다. 이 사장님이라고 자신의 처지를 자랑스럽게 여기지는 않았을 터다. 부모님의 입장이나 남들의 시선이 어찌 따갑지 않았겠는가?

많은 사람이 이런 외적인 요인에 발목이 잡혀 자신을 잃어버리고 다른 사람으로 살려고 한다. 다행히 이 사장님은 장사기술을 익히는 데 가장 필요한 것이 무엇인지 정확히 알고 있었다. 그는 주변의 모든 시선을 뒤로한 채 10년을 한결같이 성실하게 근무했다. 요즘은 1년이면 금수강산이 변한다고 하니 10년이면 열 번 정도 세상이 변한 셈이다. 그의 성실한 모습을 지켜본 의류업 사장은 "이군,

내가 가게를 하나 물려줄 테니 그동안 배운 것을 토대로 직접 장사를 해보지 않겠나?"라고 제안했다고 한다. 이 말이 의미하는 것은 무엇일까? 가게를 물려준다는 것은 곧 가족과 같다는 말이다.

'남'이라고 쓰고 '가족'이라고 읽는다는 것은 믿음과 연관된다. 이 사장님은 학벌이 아니라 성실함으로 의류업 사장의 마음을 산 셈이다. 한마디로 의류업 사장의 결단과 도움은 지금의 이 사장님이 존재하게 한 토대다. 이처럼 누구든 자신을 세워줄 의인을 만나면 인생에서 귀한 기회를 얻을 수 있다.

'하늘은 스스로 노력하는 자를 돕는다'는 말처럼 이 사장님은 특유의 성실함으로 의류업 사장의 마음을 움직였다. 더불어 그가 마음으로 얻은 가게는 덤으로 한류라는 시대적 흐름까지 얻으면서 쾌속 성장했다. 그의 사업은 점점 번창했고 지금은 다섯 개의 매장을 운영할 정도로 규모가 커졌다. 당장 은퇴해도 걱정이 없을 만큼 노후 준비가 끝났다고 하니 금융전문가인 내 입장에서도 부러운 일이 아닐 수 없다. 대학에 들어간 그의 친구들이 퇴직을 앞두고 제2의 인생을 준비하느라 불안해하는 모습과는 정반대다.

'인생지사 새옹지마'라더니 이 사장님의 사례가 거기에 딱 들어맞지 않나 싶다. 30년 전에 대학 입학을 포기한 것이 전화위복이 될 줄 누가 알았겠는가? 지금 직면한 실패에 마음을 빼앗기지 않으면, 앞으로 다가올 인생의 굴곡을 행복한 성공으로 마무리할 수 있을 거라는 기대를 갖게 하는 소중한 일화다.

알아두면 돈이 되는 꿀팁

생계와 취미를 통해 인생 전체를 경영하자

법적 정년이 60세로 늘어나고 있긴 하지만 직장인은 임금피크제가 도입되면 수입이 크게 줄어든다. 게다가 구조조정이라도 하는 날에는 당장 수입이 끊어져 생계를 걱정해야 하는 상황에 놓이게 된다. 그러므로 이에 대비하여 직장생활을 하는 동안 자신의 취미를 적극 개발해야 한다.

100세 시대를 살아가자면 무엇보다 노후 대비를 철저히 해야 한다. 여기에다 자녀양육을 외면할 수 없으므로 경제적인 어려움은 당연지사다. 이런 상황들이 우리들에게 요구하는 것은 바로 창의적인 삶이다. 경제활동을 하고 있을 때 자신의 취미를 제2의 직업으로 만드는 훈련을 해야 한다.

직장생활에서 얻은 노하우를 제2의 직업으로 연장할 수도 있다. 현재 하는 일이 자신이 좋아하는 일이라면 그렇게 해도 좋다. 노후에는 생계를 위한 노동보다 즐거움을 누리는 노동을 통해 행복과 경제적 풍요를 동시에 추구해야 한다. 자신의 취미를 경제적 가치가 있도록 개발하는 노력은 노후에 행복감과 성취감을 더욱 끌어올려줄 것이다.

다시 말하지만 노후는 취미가 경쟁력이 되어야 한다.

6

일이 즐거우면 돈은 따라 온다

알기만 하는 사람은 좋아하는 사람만 못하고,
좋아하는 사람은 즐기는 사람보다 못하다

나는 지금도 간혹 스티브 잡스(Steve Jobs)를 떠올린다. 그가 남겨놓은 흔적 중에서도 스탠퍼드 대학 졸업식에서 학생들에게 들려준 연설은 듣고만 있어도 온몸에 소름이 쫙 돈다.

"자신이 좋아하는 일을 찾아라."

이 메시지는 잡스의 인생 그 자체라고 해도 과언이 아니다.

나에게도 그렇게 살아보리라고 열정을 불태웠던 시절이 있었다. 아쉽게도 생각과 현실은 많이 다르다는 사실이 갈수록 가슴 깊이 사무칠 뿐이었다. 아마 이런 아픔을 겪어본 사람들이 꽤 많으리라.

그래도 자신이 하는 일을 좋아하게 된 사람은 반드시 성공과 부를 이룬다는 말을 들을 때면 어느 정도 위안을 받는다.

건설회사를 경영하는 유 대표님은 '돈은 쫓아가면 도망가고, 돈이 오는 길목에서 하는 일을 즐기면서 하다 보면 돈이 다가온다'는 신념을 갖고 있다. 실은 그 자신이 좋아하는 일을 했다기보다는 하는 일을 즐기기 시작하면서 부자가 된 경우다. 회사가 놀이터가 될 정도라면 알 만한 셈이다. 그렇다고 그가 워커 홀릭(Work+Aholic: 일중독)인 것은 결코 아니다.

모든 일을 긍정적인 마인드로 즐기는 유 대표님은 일과 가정을 모두 소중하게 생각하며 놀고(?) 있을 뿐이다. 회사나 집에서 늘 즐거우니 놀이터가 두 개나 있는 부러운 분이다.

그렇게 즐겁게 살던 유 대표님은 주변의 친한 친구들이 벌써 절반이나 세상을 떠나자 인생을 좀 더 가치 있게 살고 싶어졌다고 한다. 그는 운영하던 회사를 정리하고 남은 재산으로 제주도에서 가족과 함께 즐기면서 추억을 쌓고 싶어 했다. 현명한 선택을 고민하며 이런저런 방법을 알아보던 차에 나를 만나 상담하게 되었다.

유 대표님의 삶을 경청하면서 내가 느낀 것은 한 분야에서 30년간 쌓아온 인맥과 건설 분야의 노하우가 한순간에 없어질 수도 있겠다는 아쉬움이었다. 그것은 국가적으로도 분명 손실이었다. 유 대표님에게는 자녀가 두 명 있는데 첫째인 아들은 사업가 기질보다 안정적인 삶을 선호하는 성향이 짙었다. 둘째인 딸은 도전적이고 모험심이 있으면서도 경영에 관심이 많았다.

나는 유 대표님과 대화하면서 가업승계에 어떤 장점이 있는지 상세히 설명했다. 다행히 회사 지분을 100퍼센트 소유하고 있어서 상속시 가업승계제도를 이용하는 데 문제가 없었다.

회사는 딸에게 승계하고 유 대표님 개인 명의의 부동산이나 금융자산은 아들에게 상속하도록 권했다. 유 대표님은 경영일선에서 한발 물러나되 딸의 경영을 도와주면서 직장 놀이터에 당분간 더 다닐수 있으므로 건강상이나 심리적으로도 좋을 뿐더러 아울러 재산분할까지 해결할 수 있는 방법이었다.

직장인의 애환을 그린 윤태호 작가의 《미생》에는 다음과 같은 유명한 대사가 나온다.

"직장은 전쟁터고 나가면 지옥이다."

이 말처럼 직장생활을 하면서도 하루하루 스트레스를 받으며 일을 하는 사람이 있는가 하면 일을 즐기며 사는 사람도 있다. 이 단순한 생각의 차이가 부자가 되는 길과 연결되어 있음을 알아야 한다.

일을 즐기는 사람은 행복이 따라오며 돈도 넝쿨째 굴러들어 온다는 사실을 잊지 않았으면 한다.

알아두면 돈이 되는 꿀팁

가업상속공제제도

우리나라 세법은 가업의 원활한 승계를 위해 상속시 세제상의 혜택을 주는데 가업자산에 대해 최고 500억 원까지 상속공제를 해준다. 부자 특혜라는 의견도 있지만 이는 상속세로 인한 기업 해체를 막으려는 제도로 현행 세법을 이용해 가업상속시 누릴 수 있는 적법한 방법이다. 이 제도의 요건을 충족시키기 위해서는 피상속인과 상속인이 가업에 종사해야 한다. 현재 개인이나 법인인 중소기업과 매출액 3,000억 원 미만 중견기업이 혜택을 받을 수 있다.

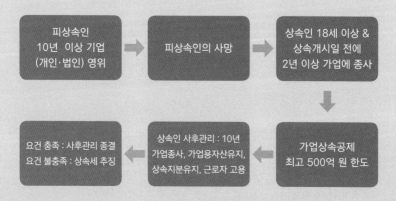

7

나는 부자다

미래 직업군에 관심을 가져라

의류제조업을 운영하시는 김 사장님은 나를 만나자마자 대뜸 물었다.

"부자신가요?"

다짜고짜 이런 질문을 하니 당황스럽긴 했지만 내가 금융 전문가라서 그러려니 했다. 물론 나는 고수답게 밝게 웃으며 받아쳤다.

"하루하루 건강하게 살아가는 것에 만족하며 감사하게 생각합니다. 현재의 삶을 사랑하기에 부자라고 생각합니다."

내 말을 들은 김 사장님은 자신의 부자관을 솔직하게 털어놓으며 호탕하게 웃었다.

"언제든 호텔을 이용할 돈이 있다면 호텔을 소유하고 있는 것이나 마찬가지라고 생각합니다. 호텔의 실소유주는 호텔 운영과 보유에 따른 세금 등을 걱정하지만 저는 그런 걱정 없이 언제든 호텔을 이용할 수 있습니다. 호텔 소유주보다 제가 더 행복한 부자가 아닐까요?"

보통은 자산의 크기에 비례해 지출을 하게 마련이다.

대개는 경제적 제약을 받지 않고 자신이 원하는 것을 누릴 수 있다면 행복한 부자라고 생각한다.

예를 들면 여행을 가거나 특별한 날에 부담 없이 호텔을 이용할 정도의 부(富)를 소유하고 있을 경우 충분히 부자라고 본다. 요즘처럼 사회적으로 소비 성향이 강한 시대에는 김 사장님이 현실적이고 실용적인 부자가 아닐까 하는 생각에 고개가 끄덕여졌다.

이렇게 살아가려면 어느 정도 수입이 발생하는 구조를 쌓아야 한다. I.H.S. 버핏연구소의 이민주 소장은 《지금까지 없던 세상》에서 "저금리 국면이 지속되면서 직장인을 선호하던 고용사회는 끝날 것"이라고 말했다. 직장인이 직장에서 받는 급여 외에 다른 수익구조를 갖추기란 굉장히 어려운 일이다. 그럼에도 불구하고 토끼가 살아가기 위해 세 개의 굴을 파듯이 직장인들도 미래를 위해 수익을 다양화하는 것이 바람직하므로 방법을 찾아야 한다.

그런 의미에서 여기에 미래 주목받을 만한 직업을 소개하고자 한다. 이 정보를 잘 살펴본 뒤 괜찮겠다 싶으면 지금부터 준비하기 바란다. 성공하거든 나를 떠올려달라는 당부도 꼭 하고 싶다.

첫 번째 직업은 창작가다.

창작가란 작가만을 의미하는 것이 아니라 연예인이나 운동선수 같은 예체능 분야의 직업인도 여기에 속한다. 현실적으로 연예인이나 운동에 소질이 있으면 학원 혹은 고급 과외도 마다하지 않는다. 박세리의 성공으로 박세리 키즈(Kids)가 엄청난 활약을 하며 개인의 영광뿐 아니라 국위를 선양하는 모습이 좋은 예라고 하겠다. 공무원 취업 경쟁률이 몇 백 대 일이라는 것은 이미 우리나라도 고용사회의 정점에 와 있음을 의미한다.

두 번째 직업은 최고경영자(CEO)다.

기업 간 경쟁이 심해지면서 CEO의 역량이 기업의 존폐를 결정할 정도로 그 영향력이 커지고 있다. 당연히 CEO의 연봉은 매년 상승하는 중이다. 특히 지금은 산업 자체가 1, 2, 3차 산업에서 4차 산업으로 그 중심이 이동하면서 단순한 정보·지식이 아닌 인간과 감성을 간파하는 능력이 중요해지고 있다. 현재 CEO이거나 앞으로 될 사람들은 이러한 역량을 반드시 갖추어야 한다.

세 번째 직업은 창업가다.

이는 일반적인 치킨집이나 편의점 같은 창업을 통해 수익을 창출하는 개인사업가를 말하는 것이 아니다. 행복한 부자론을 주장하는 김 사장님은 세 명의 직원과 함께 빅사이즈 의류를 제조하는 회사를 창업해 CEO가 되었다.

그는 지금도 새로운 디자인의 옷을 창작하고 있다.

창직이라는 것은 단순 개업이 아닌 창작의 개념을 의미한다. 즉, 새로운 직업을 만들어가는 창업이란 뜻이다. 예를 들어 SNS나 모바일이 발달하면서 과거에 전혀 없던 댓글을 대행해주는 업체가 생겨났다. 앞으로 의료인이 의료에만 신경 쓸 수 있도록 의료 관련 서비스(블로그·카페 관리, 회계 업무 대행, 보안 시스템 관리를 포함한 포털 서비스)를 대행해주는 업체가 필요할지도 모를 일이다.

알아두면 돈이 되는 꿀팁

사라질 직업과 미래 직업

향후 사라질 직업은 주로 로봇이나 컴퓨터로 대체할 수 있는 단순 업무 직종일 확률이 높다.
반면 살아남을 직업은 오직 사람만이 할 수 있는 창의적인 업무일 것이다.

자동화 대체 확률 높은 직업	자동화 대체 확률 낮은 직업
1. 콘크리트공	1. 화가, 조각가
2. 정육원, 도축원	2. 사진작가, 사진사
3. 고무·플라스틱제품 조립원	3. 작가, 관련전문가
4. 청원경찰	4. 지휘자, 작곡가, 연주가
5. 조세 행정사무원	5. 애니메이터 만화가
6. 물품 이동장비조작원	6. 무용가, 안무가
7. 경리 사무원	7. 가수, 성악가
8. 환경미화원	8. 메이크업아티스트, 분장사
9. 세탁 관련 기계조작원	9. 공예원
10. 택배원	10. 예체능 강사

8

알아야 이긴다

알고자 하는 노력이 부자를 만든다

2016년 세계 GDP(국내총생산) 규모로 볼 때 대한민국의 위치는 세계 11위다. 돈이 행복을 좌우한다고 믿는 요즘의 세태를 반영하자면 우리나라는 세계에서 열한 번째로 행복해야 마땅하다. 한데 '헬조선(Hell朝鮮)'이라는 말이 단박에 보여주듯 과거에 비해 물질적으로 풍요로워진 국민은 상대적 박탈에 따른 빈곤감에 허덕이고 있다.

별다른 부족함 없이 잘 살던 사람도 주변 사람이 아파트 청약에 당첨되거나 집을 매입하면 갑자기 마음이 조급해져 주택 구입을 서두른다. 그동안 집값이 내려갈 것이라고 스스로를 위안하며 살아온 사람들까지도 말이다.

실제로 내가 거주할 집이라면 그나마 다행이지만 집값이 오를 거라 믿고 분양받거나 매수한 경우에는 역전세난으로 어려움을 겪을 수도 있다. 다시 말해 전세난 속에서도 지역에 따라 역전세난이 발생하고 있다. 물론 서울 강남지역 등 학군이 우수하고 교육과 각종 인프라를 잘 갖춘 지역은 여전히 전셋집을 구하기가 어렵다.

사람들이 부동산을 바라보는 시각은 각기 다르므로 내 상황에 맞는 지역의 부동산과 주택을 매입하는 것이 가장 좋다. 시간이 흘러 내 상황이 변할 경우 역시 그에 맞춰 부동산을 보유하면 그만이다.

어떤 상황에서든 기본적으로 나를 중심에 두고 의사결정을 내려야 한다. 그 의사결정에 매우 중요한 요소가 지식과 정보이므로 우리는 끊임없이 배워야 한다. 이웃이 땅을 샀다고 배 아파하면서 내 상황에 맞지 않게 무리해서 투자를 하면 이는 파산으로 가는 지름길이다.

2008년 금융위기가 도래하기 전인 2007년 11월, 모 증권사의 인사이트펀드가 가히 열풍처럼 달아올랐다. 당시 직장동료와 함께 증권사 객장을 방문한 나는 조용해야 할 객장이 시장처럼 북적이는 광경을 보고 깜짝 놀랐다.

마치 펀드에 가입하지 않으면 바보라도 되는 듯한 분위기였다. 곁에서 지켜보니 내 직장동료는 펀드를 어떻게 운용하는지 물어보지도 않았고, 심지어 어떤 상품인지 정확이 모르면서 1,000만 원을 가볍게 투자했다.

여러분도 알다시피 그 펀드는 가입 후 무려 7년이 지나서야 겨우 원금을 회복했다. 여기에다 약정에 따라 잔고의 3퍼센트를 수수료로

7년간 납부하는 조건이라 총 21퍼센트의 수수료가 빠져 나갔다.

한마디로 이 투자의 승자는 증권사다. 비록 원금은 회복했지만 기회비용까지 고려하면 내 직장동료는 패자라고 할 수 있다. 그나마 그 펀드를 끝까지 가져간 투자자는 명목상이나마 손실을 면하지만, 도중에 해지한 투자자는 원금도 회수하지 못했다.

부동산도 마찬가지다. 알고 투자해야 실패해도 얻는 것이 있다. 수익이 발생하면 다행이지만 손실이 발생하면 원인도 모르는 채 재산이 쭉쭉 줄어들고 만다. 우리는 성공과 실패의 원인을 모두 알아야 하는데, 특히 실패의 원인을 모르면 다음 투자에서도 같은 리스크에 노출되고 만다.

요즘 서서히 주택 공급과잉과 가계부채에 따른 리스크 문제가 수면 위로 떠오르고 있다. 그러므로 주변 사람의 움직임에 너무 현혹되지 말고 자신을 중심에 놓고 자산을 운용하기 바란다.

투자에 성공하려면 무엇보다 나와 시장의 상황을 잘 알아야 한다. 이것이 이기는 투자를 하는 지름길이다. 이기는 습관이 들면 이길 확률이 높아진다.

알아두면 돈이 되는 꿀팁

책을 통해 돈의 흐름을 읽는다

지금 당장 가까운 서점에 가라. 여유로운 마음자세로 읽고 싶은 책을 마음껏 읽어라. 최소한 일주일에 한 권은 읽어야 한다. 그러면 1년에 52권을 읽을 수 있다.

꼭 재테크와 관련이 없어도 괜찮다. 소설책을 읽더라도 독서습관이 생기면 결국 투자에 도움을 주는 생생한 정보와 지식을 습득할 수 있다.

기억하라. 수많은 부자들이 독서광이었다는 사실을!

9

평범한 직장인이
경제적 자유에 이르는 출발점

'재무상태표'와 '현금흐름표'를 만들어 보고
미래 전략을 짜라

지극히 평범한 4050세대 직장인은 어떻게 해야 경제적인 압박에서 벗어나 자유롭게 호흡하며 살아갈 수 있을까? 직장에서 눈치코치를 가장 고단수로 발휘해야 하는 세대이자 가정에서 씀씀이가 폭발적으로 늘어나는 시기를 살아내야 하는 이들 세대에게 경제적인 해법이 있을까?

그럼 내 고객의 사례를 통해 이들이 어떤 방향으로 해법을 찾아나가야 할지 함께 고민해 보자. 내 고객은 45세로 평범한 회사원이다. 대학을 졸업한 뒤 한 직장에서만 20년 가까이 근무해 온 그에게는 배우자와 18세의 큰아들, 12세의 작은아들이 있다.

그는 지금까지 열심히 일해 처자식을 부양해 왔는데 40대 중반에 이르면서 그동안 별 탈 없이 지내온 직장생활이 불안정해지기 시작했다. 전반적인 경기침체로 구조조정이 시작되었기 때문이다. 다행히 이번에는 구조조정 대상에서 제외되었지만 앞으로 어찌될지 장담할 수 없는 상황이다.

월급은 그다지 적지 않은 액수지만 아이들에게 들어가는 교육비와 생활비가 늘어나면서 언제나 돈이 부족했다. 막내가 대학까지 졸업하려면 아무리 적게 잡아도 12~15년을 회사에서 버텨야 하는데 언제 회사에서 구조조정을 할지 알 수 없다.

그럼 어찌어찌해서 15년을 버틴 끝에 60세에 정년퇴직을 한다고 해보자. 그 다음 아이들의 결혼자금과 부부의 노후자금은 어떻게 준비해야 할까?

물론 재테크 서적이나 언론에서는 아이들에게 너무 많이 투자하지 말라고 조언하지만 현실이 어디 그런가. 부모는 자식이 잘나갈 때 가장 행복하지 않던가. 그러니 잘해주지는 못해도 기본은 해주고 싶은 것이 어쩔 수 없는 부모의 마음이다.

내 고객은 불안한 마음에 자신이 어떻게 하는 것이 미래를 위해 좋을지 그 방법을 찾기 위해 나를 찾아왔다.

먼저 고객의 자산내역을 살펴보니 반전세로 살고 있는 아파트의 보증금 4억 원(월세 50만 원 포함), 주식 3,000만 원, 보험 3,000만 원, 주택청약종합저축 1,000만 원이 전부였다. 부채는 마이너스 통장 7,000만 원을 써서 총자산 4억 7,000만 원에 부채 7,000만 원, 순자

산은 4억 원이었다

현금흐름을 보니 수입은 고객의 근로소득이 전부였다. 근로소득 원천징수영수증 상에는 세후 7,000만 원 가까이 기재되어 있었지만 고정적으로 매달 들어오는 수입은 세후 월 400만 원 정도였다. 나머지 2,200만 원은 부정기적으로 들어왔다.

고정적인 지출내역은 생활비 300만 원, 교육비 200만 원, 월세 50만 원, 저축 50만 원으로 연 지출액이 7,200만 원이었다. 오히려 매년 200만 원의 빚이 늘어나고 있었던 것이다. 이처럼 수입이 고정된 상황에서 뜻하지 않은 지출이 생기면 부채는 더욱더 불어날 수밖에 없다.

내 고객의 경우에는 수입이 그리 적지 않았지만 계속 부채가 쌓여가는 구조였다. 근로소득은 그 특성상 당장 수입을 늘리기 어려우므로 지출을 줄여야 한다. 이 고객이 가장 먼저 줄여야 할 항목은 매월 50만 원씩 고정적으로 지출하는 월세다.

나이 45세면 월세를 받아야 할 나이인데 아직까지 월세를 내고 있으니 생활비나 교육비를 떠나 이것을 가장 먼저 줄여야 한다고 나는 힘주어 말했다. 월세를 줄이는 방법으로 나는 주택 구입을 권했다. 그렇게 주택을 구입한 뒤 매달 지출하는 월세를 대출금 상환에 활용하는 것이 낫다. 또한 가급적 생활비와 교육비도 줄여 4퍼센트대의 마이너스 대출금을 상환하는 것이 바람직하다.

물론 반전세 가격으로 주택을 구입해야 하므로 지금보다 입지가 열악하거나 평형이 작을 수도 있지만, 빚더미에서 헤어나려면 불편함을 감수해야 한다. 더불어 그것은 자산을 증식해 경제적인 자유에 이르는 출발점이다.

〈재무상태표 전후 비교〉
(단위: 원)

변경 전				변경 후			
자산		부채		자산		부채	
아파트 (반전세 거주)	4억	총부채	7천만	아파트 (자가)	4억	총부채	7천만
금융상품	7천만			금융상품	7천만		
총자산	4억7천만	순자산	4억	총자산	4억7천만	순자산	4억

〈현금흐름표 전후 비교〉
(단위: 원)

변경 전				변경 후			
소득		지출		소득		지출	
근로소득 (상여금포함)	580만	생활비	300만	근로소득 (상여금포함)	580만	생활비	300만
		교육비	200만			교육비	200만
		저축	50만			저축	50만
		월세	50만			월세	50만
총소득	580만	총지출	600만	총자산	580만	총지출	600만

알아두면 돈이 되는 꿀팁

재무상태표와 현금흐름표

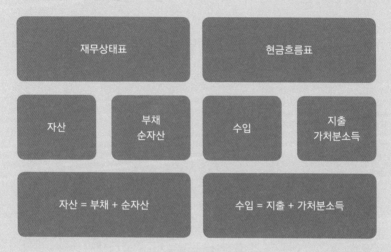

재무상태표는 내 자산의 현 상태를 알 수 있게 한다. 부동산 자산가의 경우 시가를 본인의 재산으로 오인하는 경우를 종종 볼 수 있다. 이는 시가와 더불어 부채가 기재돼야 실질적인 나의 순자산을 알 수 있는 것이다.

대부분의 부동산이 대출을 끼고 매입을 하는 경우가 많아서 매각 때 양도세와 부채를 제외 하고 나면 내손에 쥐는 돈은 생각보다 많지 않다. 우리는 부동산의 시가에서 부채를 제외한 나머지를 순자산으로 생각해야 한다.

현금흐름표를 작성해 봄으로써 수입 대비 지출현황을 한눈에 볼 수 있다. 줄일 수 있는 지출 내역을 파악함으로써 가처분소득을 만들 수 있고 그 자금을 종잣돈으로 불릴 수 있다.

결국 부자가 되는 길은 저축과 투자할 수 있는 가처분소득을 만들 수 있느냐 없느냐에 달려 있다.

10
수입 한도 내에서 지출하라

지출관리만 잘해도 남보다 덜 버는 게 아쉽지 않다

요즘 젊은이들은 스스로를 삼포세대니 오포세대니 하는 절망적인 말로 표현하는 경우가 많다. 그만큼 취업이 어렵고 대기업이 아닌 이상 현실적으로 낮은 월급으로 살아가야 하는 경우가 많아 이것도 어느 정도는 이해가 간다.

그럼에도 불구하고 한편에서는 열심히 살아가는 젊은이들도 눈에 띈다. 얼마 전 한 TV 프로그램에서 19세에 갓난아기를 키우는 부부가 열심히 살아가는 모습을 방영했다. 부부가 젊은 나이에 결혼해 똘똘 뭉쳐 사는 모습이 기특하고 대견해서 재미있게 시청했던 기억이 난다.

치킨가게에서 일하는 남편의 월급은 150만 원인데 부부는 50만 원을 생활비로 쓰고 월 100만 원씩 저축했다. 미래를 꿈꾸면서 열심히 살아가는 그들을 보며 비록 추구하는 꿈의 크기는 다를지라도 각자 처한 상황에서 포기하지 않고 최선을 다한다면 좋은 결실을 맺지 않을까 하는 생각을 했다.

연봉 1억 원이 넘어도 빚에 치여 사는 인생이 있는가 하면 연봉 2,000만 원이 채 되지 않는 상황에서도 저축을 하며 앞날을 설계하는 인생도 있다. 출발선은 다르지만 그 갭(Gap: 차이)을 줄이면서 자신이 원하는 방향으로 나아간다면 그것이야말로 진정으로 행복한 삶이 아닐까?

그해에 나는 연말정산을 하면서 신용카드 사용액을 보고 깜짝 놀랐다. 신용카드로 2,200만 원이나 썼던 것이다. 그 돈은 열아홉 살 엄마 가족의 연봉보다 많은 액수다. 물론 거기에는 가족을 위해 쓴 금액이 다수 포함되어 있었지만 혼자 쓰는 카드치고는 사용액이 많다는 생각이 들었다. 나는 곧바로 지출을 줄여야 할 항목을 점검한 뒤 결국 택시비·외식비·유류비를 줄이기로 했다.

먼저 회식을 하면 자연스럽게 술을 마시는 데 회식 후 나는 거의 습관적으로 택시를 탔다. 그래서 회식이 끝나는 시간대에 보통 다른 회사의 회식도 끝나기 때문에 택시 잡기도 수월치 않아 대중교통을 이용하기로 했다.

그 다음으로 주말만 되면 으레 외식을 한 번쯤 해야 한다고 생각해서 외식을 했는데 4인 가족이 적당히 먹으면 5만 원, 좀 거하게 먹으면 10만 원이 후딱 나간다. 습관적인 외식은 자제하기로 했다.

마지막으로 유류비는 차를 두 대에서 한 대로 줄이고 대중교통을 이용하기로 했다. 덕분에 기름값을 월 20만 원이나 줄일 수 있었다. 차를 줄이면 기름값만 줄어드는 것이 아니라 보험료, 자동차세, 세차비, 과태료 등 각종 유지비도 줄어든다. 그뿐 아니라 대중교통으로 출퇴근을 할 경우 건강도 찾을 수 있다. 특히 근로소득자가 대중교통을 이용하면 연 100만 원까지 소득공제가 되어 절세 효과도 얻는다.

이 세 가지만 실천해도 택시비 10만 원, 외식비 50만 원, 유류비 20만 원 등 매달 80만 원을 아낄 수 있었다. 있는 사람에게 80만 원은 별 것 아닐 수 있지만 열아홉 살인 엄마 가족에게는 수입의 약 50퍼센트에 해당한다.

저금리·저성장 시대에는 수익창출이 쉽지 않아 먼저 지출관리를 잘해야 한다. 이를 축구에 비유하면 선 수비, 후 공격이다. 다시 말해 지출관리를 한 다음 수익창출을 해야 한다. 1년에 1억 원을 벌어 1억 100만 원을 쓰는 사람보다 5,000만 원을 벌어 4,500만 원만 쓰는 사람이 훨씬 더 부자다.

알아두면 돈이 되는 꿀팁

지출관리 요령

1. 선 저축, 후 소비 : 쓰고 싶은 대로 다 쓰면 절대 저축하지 못한다.

2. 불필요한 지출 줄이기 : 꼼꼼히 분석해 보면 분명 새는 돈이 있게 마련이다. 지출관리는 새는 돈을 막는 것이 포인트다.

3. 신용카드보다 체크카드 사용하기 : 신용카드를 사용하면 지출할 때 무감각하게 대응하는 경우가 많다. 가장 크게 심리적 부담을 안겨주는 것은 현금지출이지만 사용하기에 불편하므로 체크카드로 지출을 통제하는 것이 좋다.

4. 목적에 맞게 통장 나누기

11
부의 크기를 구체적으로 정하라

노년이 멋져야 성공한 인생이다

거리에서 젊은이들이 뚜껑이 열린 스포츠카를 타고 괴성을 지르며 폭주하는 모습을 본 적이 있는가. 그런 모습을 보면 욱하는 마음에 '미친 ×'이라고 욕이 튀어나오기도 한다.

그렇다면 이런 상황은 어떤가. 광활한 라스베이거스에서 화이트 스포츠카가 햇빛에 눈부시게 반짝이고 있다. 매끈한 다리 위로 착 달라붙은 청바지에 검은색 선글라스와 가죽 재킷을 입은 운전자를 보니 60~70대 어르신이다. 그의 오픈 스포츠카에서는 볼륨을 높인 'My heart will go on'이 흘러나오고 차는 어딘가로 유유히 사라진다.

젊은이들이 오픈카를 타면서 호기를 부리면 욕이 나오지만 어르신이 그런 멋을 부리면 부러움의 대상으로 여겨진다. 여기서 묘사한 오픈 스포츠카를 몰고 다닌 어르신은 실제로 있었던 인물이다. 요식업을 하는 임 회장님은 40대 때 미국을 여행하던 중에 실제로 그런 노인을 만났다. 그 경험을 통해 임 회장은 부자가 되겠다는 꿈을 꾸기 시작했다. 스포츠카를 타는 백발의 노인을 본 순간 노년에 멋진 스포츠카를 몰면서 드라이브를 하고 싶다는 생생한 목표가 생긴 것이다. 가슴에 깊이 새겨진 다짐은 생각 주머니에서 좀처럼 지워지지 않는 법이다.

현재 임 회장님은 65세로 제2의 인생을 살아갈 나이다.

다행히 그는 자신의 가슴에 묻어둔 20여 년 전의 꿈을 삶 속에서 즐기며 살고 있다.

차량이 많지 않은 일출 무렵 스포츠카를 타고 상큼한 새벽 공기를 마시며 서울에서 강릉까지, 강릉에서 속초까지 이어지는 해안도로를 달리는 것이다. 트로트와 발라드 음악뿐 아니라 팝송까지 큰소리로 따라 부르는 것은 덤이다. 도심을 지나칠 때 만나는 젊은이들은 임 회장님을 보고 환호성과 박수를 보내며 멋지다고 엄지손가락을 치켜세운다고 한다. 젊은이가 아닌 젊은이로 사는 것과 노인이 아닌 노인으로 사는 것의 차이는 무얼까?

사회구조는 이미 청년들을 삼포세대로 만들고 있다.

다시 말해 젊은이들 중에 연애, 결혼, 출산을 포기하는 사람이 늘고 있다. 앞으로 젊은이들은 얼마나 더 많은 것을 포기하며 살아야 할까. 이들과 임 회장님의 이야기가 오버랩 되면서 혹시 그들은 스스로 목표와 비전을 세우지 못하는 책임을 사회적 현상이나 구조에 떠넘기는 것은 아닐까 하는 생각이 들었다.

중국의 국가주석 시진핑(習近平)은 사람은 네 가지 유형으로 나뉜다고 말했다. 몸도 생각도 젊은 사람, 몸은 늙었어도 생각은 젊은 사람, 몸은 젊은데 생각이 늙은 사람, 몸도 생각도 늙은 사람이 그것이다.

여기에 굳이 부연 설명은 필요 없으리라.

몸도 생각도 젊은 사람이 진짜 청년이다. 몸이 젊으니 열정과 패기가 있을 것이고 생각까지 말랑말랑하니 좌충우돌하며 실패와 좌절 혹은 성공을 경험하면서 삶의 스토리를 만들 것이 아닌가. 그처럼 삶의 스토리가 풍부한 사람은 젊은 리더로서 누군가의 희망이 된다.

몸은 늙었어도 생각이 쫄깃한 사람은 경험의 깊이에서 우러나온 향기로 모든 사람과 소통할 줄 안다. 노익장은 근력이 아닌 소통으로 과시해야 한다.

우리의 인생이 청년에서 '청년 아닌 청년'으로 익어가는 과정이라면 인생의 농은 세월이 갈수록 더욱 진해질 것이다. 따라서 사회구조나 환경이 어떻든 자신이 삶의 주체가 되도록 꿈과 삶의 방향을 정하는 일을 게을리 하지 않았으면 한다.

알아두면 돈이 되는 꿀팁

부의 크기를 구체적으로 정하라

인간의 역사에서 부에 대한 욕망은 늘 화두였다.

모두가 되고 싶어 하지만 아무나 될 수 없는 것이 부자다. 부자가 되기 위해서는 자신의 상황에 맞춰 부의 의미를 크게 키우는 한편 그에 따른 구체적인 목표도 필요하다.

만약 부채가 많다면 빚 청산이 부자가 되는 첫걸음이다.

빚을 청산했다면 그 다음 단계는 종잣돈 마련을 목표로 삼아야 한다. 가령 30대는 1억 원, 40대는 3억 원, 50대는 5억 원처럼 목표를 정하되 정해진 목표에 따라 의미를 부여하는 것이 좋다.

예를 들면 1억 원은 1년 가족여행으로 경험의 가치를 사겠다는 의미를 부여하는 것이다. 1억 원을 소비해 자녀에게 무한한 가치를 재생산할 경험을 사준 것이기에 이는 엄청난 종잣돈이다.

지금은 단순히 돈을 모아 목돈을 만들어야 부자가 되는 시대가 아니다. '부자가 되면 어떻게 살 것인가' 라는 질문에 자기만의 답을 찾고 의미를 부여해야 한다.

부자가 되고자 하는 의미와 목표가 분명해야 부자가 되어도 허전하지 않다.

12

상속 vs 증여, 무엇이 유리할까?

100세 시대에 걸맞은 노후 대비와
자녀 양육비용을 설계하라

어느 날 갑자기 자투리 시간이 생긴 나는 간만에 리모컨 놀이를 하며 종합편성 채널을 돌려보기 시작했다. 그러다가 평소에 좋아하는 배우가 등장하는 영화가 나오기에 채널을 고정했다.

영화에서는 약국을 운영하는 노인이 젊은 여인에게 홀딱 반해 그녀를 짝사랑한다. 젊은 여성은 노인과의 사랑은 가당치도 않다며 완전히 무시하지만, 노인의 구애는 갈수록 깊어만 간다. 시간이 흐르면서 여인은 서서히 마음을 열고 결국 결혼에 이른다.

이때부터 그 집안은 난리가 난다. 새어머니를 곱지 않은 시선으로 바라보는 아들과 며느리, 자기 엄마보다 젊은 새 할머니가 들어오자 지대한 관심을 보이는 손자가 대표적이다. 등장인물들의 이런저런 갈등 속에서 어느 날 노인은 불치병에 걸리고 만다. 그 복잡한 상황에서 젊은 여인은 문제를 지혜롭게 풀어가며 화목한 가정을 이끌어간다.

부자가 된 사람은 한 번쯤 이런 삶을 꿈꾸지 않을까 싶다.

노인이 되어 젊은 여인과 사랑에 빠지고 그 여인과 결혼까지 하다니 대단한 일이 아닌가.

여기서 핵심은 재산 문제다.

노인이 젊은 여성과 사랑을 하던 불륜을 저지르든 재산이 없으면 자식과 며느리는 별로 문제를 제기하지 않는다. 노인이 홀로된 경우 오히려 인생을 즐기는 노인의 등 뒤에서 조용히 박수를 쳐주기까지 한다. 하지만 노인에게 재산이 있는 경우에는 얘기가 다르다. 그 재산은 보통 축적과 관리, 이전의 과정을 거치게 마련이다. 그중에서도 특히 자산 이전은 부모와 자식 간에 아주 중요한 문제로 떠오른다. 여기에 새로운 사람이 개입하면 문제가 더 복잡해지기 때문에 자식들은 노인의 연애사에 간섭하려 한다.

김 사장님 역시 자산 이전 문제로 이런저런 고민이 많았다.

나이가 들면서 주변의 지인들이 하나둘 세상을 떠나자 그는 상속과 증여에 관심을 기울이기 시작했다. 김 사장님은 누군가가 자산 문제로 고민하는 소리를 들으면 어디든 달려갈 준비가 되어 있는 내게 고민을 털어놓았다.

그는 가족관계가 상당히 원만했고 순자산이 10억 원 정도였다.

예전 같으면 순자산 10억 원은 상당히 큰 금액이지만, 요즘처럼 100세 시대를 살아가자면 그리 넉넉한 금액은 결코 아니다.

나는 고민 끝에 김 사장님에게 상속이 유리할 것 같다고 조언했다. 이유는 간단했다. 자식에게 재산을 미리 주고 노후생활을 하다가 무언가 부족함이 생기면 자식과의 사이에 묘한 기류가 형성될 수 있기 때문이다. 세금 측면에서도 현재 자산을 증여할 때 발생하는 증여세보다 본인이 마지막까지 즐겁게 사는 데 사용하고 남은 금액으로 상속할 때 발생하는 상속세가 훨씬 적다는 점도 안내해주었다.

내가 상속을 권하는 이유는 더 있다.

가령 미리 증여했다가 결혼 후 자녀가 먼저 사망할 경우 원치 않는 결과가 발생할 수 있다. 즉, 딸에게 재산을 미리 증여했는데 그 딸이 사망하면 딸 명의의 재산은 사위와 외손자가 상속받는다.

그런데 상속 후 사위가 재혼을 하면 어떤 일이 벌어질까? 각고의 노력으로 쌓아올린 처가의 재산이 사위의 재혼생활에 쓰이고 만다. 드라마와 영화에나 나올 법한 이야기라고 생각할지도 모르지만 이것은 우리 주변에서 심심치 않게 벌어지는 일이다. 이런저런 이유를 설명하자 김 사장님은 주저하지 않고 상속하는 것으로 결정했다.

부자가 되기 위해 돈을 많이 벌고 잘 관리하는 것도 중요하지만, 언젠가는 한 줌 흙으로 돌아가는 게 인생이므로 내 자산을 어떻게 이전할지 혹은 활용할지 정하는 것도 매우 중요하다. 빌 게이츠나 워런 버핏 같은 억만장자들은 장학재단을 설립해 자산을 좋은 일에 사용하며 행복감을 느낀다고 한다. '나한테도 그런 돈이 있었으면……' 싶은 독자도 있겠지만, 부자가 된 후에야 돈이 행복의 전부가 아님을 아는 것보다 지금부터 행복한 부자가 되는 연습을 하는 것이 좋지 않을까 싶다.

알아두면 돈이 되는 꿀팁

상속과 증여의 차이를 이해하고 활용하자

자산 이전은 크게 사망을 원인으로 하는 상속과 살아 있을 때 주는 증여로 구분할 수 있다.

세율은 10~50퍼센트로 상속과 증여 모두 같지만 계산 방식에는 차이가 있다. 그래서 보통 재산이 많은 사람은 증여를 하고, 재산이 많지 않은 사람은 상속을 선택한다.

예를 들어 재산에서 부채를 뺀 순자산이 10억 원 이하인 경우에는 상속이 유리하다. 배우자가 있을 경우 배우자 공제 5억~30억 원, 자녀가 있으면 일괄공제로 5억 원을 공제받아 무슨 일이 있어도 최소 10억 원은 공제되기 때문이다. 상속재산에서 10억 원을 공제하고 나머지 재산에 대해 세율을 적용하므로 상속재산이 10억 원 이하인 사람은 상속세를 걱정할 필요가 없다. 또한 세금이 발생하지 않으면 상속세 신고를 하지 않아도 된다.

상속세 계산 절차

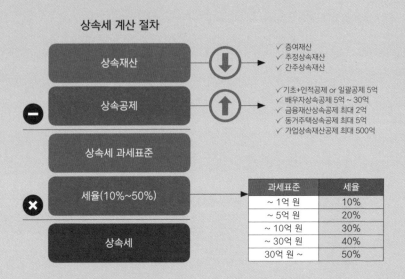

13
휴직은 재직이 아니다

나만의 경쟁력을 갖추고 퇴직 이후의 로드맵을 설계하라

불황이 계속되고 있는 요즘, 기업에서는 빈번하게 구조조정을 시행하고 있다. 여기에 임금피크제가 도입되면서 기업이 근로자에게 일정액의 보상금을 지급하며 명예퇴직을 유도하는 경우가 대폭 늘어났다.

근로자가 퇴직 이후의 삶을 대비해 놓았다면 기쁜 마음으로 퇴직금에 보상금을 더 받아 제2의 인생을 시작하겠지만 사실은 그런 대비를 하지 못한 근로자가 더 많다. 40~50대 직장인은 보통 자녀가 중고교에 재학 중이고, 이때는 아이들이 대입을 준비하는 시기라 대개는 변화보다 안정적인 삶을 추구한다.

집안의 가장이 다니던 직장을 그만두고 새로운 일을 시작하려 하면 배우자는 물론 자녀들도 불안해질 수밖에 없기 때문에 직장인은 대부분 이 시기에 변화를 꾀하려 하지 않는다. 그러나 내 의지와 상관없이 꼭 퇴직해야 한다면, 여기에다 회사에서 명예퇴직 외에 창업휴직이란 옵션을 행사한다면 나는 퇴직에 앞서 휴직을 권유하고 싶다. 물론 휴직을 통해 더 나은 조건에서 일할 수도 있고 그렇지 않을 수도 있다. 하지만 확실한 건 퇴직 이후의 삶을 미리 체험할 수 있다는 점이다.

우리는 보통 책이나 언론을 통해 퇴직 이후의 삶을 간접 경험하지만 이것은 본인이 체험하는 것과는 차원이 다르다. 휴직 상태일 경우 본인은 회사에 소속되어 있다고 여길지 몰라도 사회가 받아들이는 것은 그렇지 않다. 가령 은행의 대우를 생각해 보자. 직장인은 대부분 금액에 차이가 있을 뿐 대출을 활용하는 경우가 많은데 회사에 재직할 때는 매월 급여가 발생하므로 대출받을 때나 연장할 때 별다른 어려움이 없다. 그러나 휴직을 하면 더욱이 그 휴직이 무급이면 은행은 대출자의 수입 능력을 인정하지 않는다. 물론 퇴직보다는 휴직이 낫지만 대출심사가 까다롭다.

또한 홀로서기를 위한 창업이나 이직을 알아볼 경우 본인이 원하는 조건의 창업 기회나 직장이 많지 않음을 알 수 있다. 이직을 위한 이력서를 한번 써 보라. 아마 내세울 수 있는 나만의 장점을 발견하기가 쉽지 않을 것이다.

회사의 오너가 아닌 이상 누구든 언제까지나 회사에 남아 있을 수는 없다. 따라서 남에게 당당하게 내세울 수 있는 능력을 길러야 한다. 아무리 회사에 열심히 다녀본들 그게 전부다. 요즘처럼 취업이 쉽지 않을 때는 평소에 나만의 경쟁력을 갈고 닦아야 한다. 나만의 경쟁력을 갖추고 퇴직 이후의 로드맵을 미리 설계해야 재직 중이나 퇴직 후에 안정적인 삶을 유지할 수 있다.

아직 논란의 여지가 있긴 하지만 표면적으로는 정년 연장으로 60세까지 근무가 가능해졌다. 일은 경제적인 측면뿐만 아니라 건강적인 면에서도 필요하다. 정력적으로 일하던 사람이 은퇴 이후 급격히 노화가 진행되는 사례가 많은데 이는 삶에 대한 긴장이 풀어지면서 오히려 건강에 독이 된 것이 아닌가 싶다.

미꾸라지가 있는 곳에 메기를 풀어놓으면 잡아먹히는 경우도 있지만 살기 위해 끊임없이 메기를 피하다 보니 운동 능력이 생겨 오히려 수명이 늘어난다고 한다. 마찬가지로 적당한 스트레스는 건강에 이롭다.

1969년생부터는 국민연금을 65세부터 수령한다. 연금수령은 최대 5년간 연기할 수 있는데 연기연금을 신청할 경우 연금액은 늘어난다. 이때 은퇴 시점을 70세로 조정하고 60세에 퇴직하더라도 10년간의 소득활동으로 노후재원과 건강을 모두 챙기길 바란다.

나는 가능한 한 죽을 때까지 소득활동을 하고 싶다. 그래서 돈, 건강, 가정을 모두 지켰으면 한다. 경제활동으로 가정을 지킬 수 있는 이유는 돈으로 인한 스트레스가 줄어든다는 점도 있지만, 무엇보다 배우자와 함께하는 시간은 너무 길어도 문제고 너무 짧아도 문제이기 때문이다. 적정한 시간 배분에 일만큼 좋은 것은 없다.

알아두면 돈이 되는 꿀팁

창업 휴직이란?

창업 휴직은 무급으로 6개월 이상 휴직할 수 있는 것을 말한다.

그 기간 동안 창업이나 이직이 가능하면 제2의 삶을 선택하고, 좋은 기회를 찾을 수 없다면 회사로 복귀하면 된다.

회사는 근로자가 원하면 복귀를 허용해야 하고, 근로자는 회사가 명하는 직무를 수행해야 한다.

마침내, 드디어 생명이 태어났습니다.

어머니가 아니기에 출산의 고통은 모르지만, 저에게 있어 책 한 권을 집필하는 일은 새로운 생명을 탄생시킬 때의 사랑과 관심, 그리고 기다림과도 같았습니다.

그렇게 3년간의 기다림 속에 태어난 첫 사랑의 결정체는 많은 분들의 도움이 있었습니다.

먼저 작가의 길로 인도해 준 박지영 작가님께 감사의 말을 드리고 싶습니다. 인생 중반의 흔적을 책으로 남겨 보라는 말에 겁 없이 시작한 집필이 3년의 사투 끝에 생명을 탄생시킬 수 있었습니다. 또한 가능성을 믿고 출간을 도와주신 태림스코어 출판사 현석호 이사님께도 감사의 마음을 전합니다.

웰스 매니저로서 10년간 활동할 수 있도록 아낌없는 지원을 해주신 윤열현 부사장님, 정대창 전무님, 김현석 팀장님. 그리고 주저 없이 자료와 아이디어를 제공해 주신 노블리에센터 조직원 여러분 덕분에 책을 완성할 수 있었습니다. 고맙고 감사합니다.

오늘의 저를 있게 해준 양가 부모님.

건강하게 오래오래 사시고 감사합니다. 사랑합니다!

사랑하는 아내 최현원 씨와 든든한 두 아들 현섭, 준섭! 멋진 인생을 응원하며, 믿고 따라와 줘서 감사합니다.

마지막으로 《부자의 투자》를 애독해 주신 독자 여러분의 행복한 미래를 기원하며, 더 나은 내용으로 찾아뵐 수 있도록 하겠습니다.

끝까지 제 글을 읽어 주신 독자 여러분, 감사합니다.